Manu
FEILDEL

BON APPETIT!

Klassiker der französischen Landküche

Fotos Chris Chen

Dorling Kindersley

INHALT

Einführung 6

Menüs 8

Salate & Vorspeisen 13

Suppen 47

Meeresfrüchte & Fisch 65

Fleisch, Geflügel & Wild ... 101

Desserts 163

Glossar 202

Dank 203

Register 204

EINFÜHRUNG

All meine Kindheitserinnerungen scheinen sich irgendwie ums Essen zu drehen. Geboren und aufgewachsen bin ich im Norden Frankreichs, in Nantes, einer der größten Städte des Landes. Nantes liegt in der Bretagne, einer Region mit ganz eigenen kulturellen und kulinarischen Traditionen. Die Bretagne ist bekannt für ihre herrliche Landschaft und ihre eindrucksvolle Küste. Wir lebten etwa eineinhalb Stunden vom Atlantik entfernt und verbrachten den Sommer gewöhnlich am Meer.

Was das kulinarische Angebot betrifft, konnten wir aus dem Vollen schöpfen. Aus dem Meer kamen köstliche blau gefärbte Hummer, Muscheln, Kaisergranate, Seespinnen, Fische und Fine-de-claire-Austern, die in ganz Frankreich beliebt sind. Und das Land verwöhnte uns zu jeder Jahreszeit mit den besten saisonalen Produkten – Artischocken, Renette-Äpfel, Maronen, Blumenkohl (der zu meinen persönlichen Favoriten gehört), süße, saftige Erdbeeren und Kartoffeln, die mit Seegras gedüngt werden. Ganz zu schweigen von den Märkten. Die waren (und sind immer noch) einfach fantastisch! Jeden Tag gab es in einer anderen Stadt oder einem anderen Dorf einen Markt, auf dem wir uns mit Wurstwaren, regionalen Käsesorten, Cidre, Honig und anderen guten Dingen eindecken konnten, alles superfrisch und von bester Qualität.

Und nicht zu vergessen: das Brot! Der himmlische Duft von ofenfrischem Brot zählt zu den intensivsten Eindrücken, die ich überhaupt mit Essen verbinde. Unter der Woche gab meine Mutter meiner Schwester und mir morgens ein Geldstück in die Hand, damit wir uns auf dem Weg zur Schule noch schnell ein dickes, fluffiges *pain au chocolat* kaufen konnten. Am Wochenende jedoch ging man in aller Ruhe zum Bäcker, kaufte frisches Brot, Croissants oder Brioche, trug dann all die köstlichen Kohlenhydrate nach Hause und machte aus dem Frühstück ein richtiges Festmahl. Lange bevor wir sie sahen, konnten wir die Bäckerei schon riechen, und genau dieser warme, einladende Duft ist es, der mich mehr alles andere an meine Kindheit in Frankreich erinnert.

Die meisten Menschen assoziieren Frankreich mit *haute cuisine* und *haute couture,* mit der Stadt der Liebe oder teuren Parfüms. Doch wenn ich an Frankreich denke, habe ich sofort all die wunderbaren, aber häufig einfachen Gerichte und Zutaten vor Augen, die für die Menschen dort vollkommen alltäglich sind (und die ich zu meinem großen Glück als Junge ebenfalls genießen durfte). Meine Mutter ist eine außerordentlich talentierte Köchin, und meine Erinnerungen an ihre Küche und an die Zeit, die ich mit meiner Familie am Esstisch verbracht habe, waren für mich der Grund, dieses Buch zu schreiben. Es ist eine Hommage an meine Mutter.

Meine Mutter stammt aus Anjou, einer Region, die an die Bretagne grenzt. Ihr Vater war Koch gewesen und ihr Großvater Patissier, doch trotz der professionellen Köche in der Familie war es ihre Mutter, die ihr das Kochen beibrachte. Obwohl sie Vollzeit arbeitete und meine Schwester und mich quasi alleine aufzog, brachte unsere Mutter immer selbst zubereitete Mahlzeiten aus frischen Zutaten auf den Tisch, und zwar sieben Tage in der Woche.

Freitags erledigte sie die gesamten Einkäufe für die Woche, und da sie es liebte, Gäste einzuladen, verbrachte sie häufig das ganze Wochenende mit Kochen, sodass Freunde und Familie immer mit einem besonderen Festessen rechnen konnten, wenn sie zu uns kamen. Zwölf Personen zum sonntäglichen Mittag- oder Abendessen zu verköstigen, war ein Kinderspiel für sie.

Tiefkühlkost und andere Fertiggerichte kamen bei uns niemals auf den Tisch, und es macht mich traurig, wenn ich sehe, dass heute – sogar in Frankreich – die Supermärkte voll sind mit Fertigmahlzeiten und anderen Produkten, die ich verabscheue. Die schnellsten Gerichte, die unsere Mutter für uns zubereitete, waren im Sommer gemischte Salate und im Winter wunderbare Suppen auf Gemüsebasis, wobei die Zutaten dafür sorgfältig ausgewählt wurden und nicht etwa aus Resten oder dem Inhalt von Dosen bestanden. Meine Mutter kochte auch niemals besondere Mahlzeiten oder spezielles Kinderessen für uns, als wir klein waren. Von Anfang an aßen wir das, was auch die Erwachsenen bekamen. Und ich bin fest davon überzeugt, dass dies der beste Weg ist, die Kleinen dazu zu bringen, alles zu probieren – auch Gemüse. So kann sich ihr Geschmackssinn entwickeln. Es ärgert mich richtig, wenn ich sehe, was in Restaurants auf der »Kinderkarte« steht, viel zu häufig Junkfood wie Hähnchen-Nuggets – als ob Kinder nicht auch Spaß an richtigem Essen haben könnten! Das Einzige, was ich als Kind hasste, war Leber, und das lag sehr wahrscheinlich an der Tatsache, dass unser Kindermädchen die Leber immer so gewissenhaft anbriet, dass wir sie nur noch als »Schuhsohle« serviert bekamen. Heute macht es mir nichts mehr aus, Leber zu essen – mittlerweile esse ich eigentlich alles. Ich bin sicher, dass es mit einer unangenehmen Erinnerung oder Assoziation zusammenhängt, wenn jemand ein bestimmtes Nahrungsmittel nicht mag, und dass man sich mit etwas Übung daran gewöhnen kann. Selbst wenn es sich um Innereien handelt ...

Die Küche meiner Mutter, die diesem Buch zugrunde liegt, ist traditionell und recht herzhaft, aber voller Aroma. Alles, was sie für uns zubereitete, kochte sie mit Liebe, und am meisten begeisterten mich ihre Wintergerichte, etwa Blumenkohlsuppe (siehe Seite 56), Kalbsragout (siehe Seite 118) und Tarte Tatin (siehe Seite 164). Einfaches, gutes Essen, bei dem es vor allem darauf ankam, wie es schmeckte – nicht wie es aussah.

Sich um den Esstisch herum zu versammeln, um gemeinsam eine köstliche Mahlzeit zu genießen, das war aus dem Leben meiner Familie nicht wegzudenken. Als wir größer wurden, halfen wir unserer Mutter beim Tischdecken und beim Kochen. Dadurch lernte ich schon früh die Bedeutung von Teamarbeit kennen – eine Erfahrung, die mir dann später als Profikoch sehr zugutekam und die besonders beim Catering eine wichtige Rolle spielt. Es ist eine gute Sache, die Kinder zu Hause beim Kochen mit einzubeziehen, da sie meines Erachtens auf diese Weise Nahrungsmittel und deren Zubereitung schätzen und Mahlzeiten mit der Familie lieben lernen.

Gern würde ich an dieser Stelle sagen – besonders weil ich aus einer Familie von Köchen stamme (auch mein Vater war Koch) –, dass Kochen schon immer das Einzige war, was ich tun wollte. Doch als Junge war es mein größter Wunsch, im Zirkus aufzutreten! Wenn Sie mich schon einmal im Fernsehen in Aktion gesehen haben, ist Ihnen vermutlich aufgefallen, wie gern ich etwas vorführe. Zu Hause habe ich ständig Quatsch gemacht und war so etwas wie der Familienclown (und in der Schule natürlich der Klassenkasper). Eines Tages, da war ich ein Teenager, bemerkte meine Mutter einen Transporter mit der Aufschrift »Zirkusschule«, der in unserer Stadt anhielt, wo sie mich gleich anmeldete. Meine Lehrer waren die Mitglieder einer Romafamilie, und sie waren unglaublich. Die Familie bestand aus Mutter, Vater und drei jüngeren Kindern, die das gesamte Spektrum der Zirkuskunst beherrschten: vom Trapez über Seiltanz, Akrobatik, Clownnummern und Tierdressur bis zum Nähen der Kostüme. Ich trainierte einige Jahre bei ihnen, bevor ich beschloss, mit meinem Leben doch vielleicht etwas Solideres anzufangen. So kam es, dass ich im Alter von 15 Jahren bei meinem Vater in der Küche seines Restaurants in Saint-Nazaire an der Atlantikküste zu arbeiten begann. Als ich von zu Hause wegging, um einen Beruf zu lernen, endete das erste Kapitel meiner kulinarischen Biografie, und ein neues begann. Aber dies ist, wie man so schön sagt, eine andere Geschichte (die ich ein andermal erzählen werde). Sie müssen sich also noch ein wenig gedulden ...

Wenn ich jetzt koche – ob zu Hause oder im Restaurant –, möchte ich vor allem schmackhafte Gerichte zubereiten, wie sie meine Mutter kochte. Ich habe mir sehr viel Mühe gegeben, ihr gerecht zu werden. Ihre »Aroma-Küche« zieht sich wie ein roter Faden durch das Buch, die Rezepte stammen zum größten Teil aus ihrem Repertoire. Die anderen Gerichte zählen zu den großen französischen Bistro-Klassikern, die in der heimischen Küche ohne Weiteres nachzukochen sind. Es handelt sich um eher einfache Kost, die keine großen technischen Schwierigkeiten bereitet. Vielleicht kennen Sie einige Gerichte bereits – ich versuche hier nicht, das Rad neu zu erfinden. Jedes einzelne Rezept habe ich in dieses Buch aufgenommen, weil es mich sowohl beim Kochen als auch beim Essen glücklich macht und weil es einfach wunderbar schmeckt. Ich hoffe sehr, dass Sie diese Gerichte für Ihre Familie und Ihre Freunde kochen und dass Sie dieselbe Erfahrung machen werden.

MENÜ 1

Poireaux à la vinaigrette de truffe
JUNGER LAUCH MIT TRÜFFELVINAIGRETTE

(siehe Seite 40)

Rôti de porc aux pruneaux >façon mère Badet<
SCHWEINEROLLBRATEN MIT BACKPFLAUMEN NACH ART VON MUTTER BADET

(siehe Seite 126)

ALS BEILAGE

Haricots verts au beurre de morilles
GRÜNE BOHNEN MIT MORCHELBUTTER

(siehe Seite 142)

Crème brûlée
GEBRANNTE VANILLECREME

(siehe Seite 168)

MENÜ 2

Terrine de lapin
KANINCHENTERRINE

(siehe Seite 39)

Merlan en papillote et l'égumes parfumés à l'estragon
WITTLING MIT ESTRAGONGEMÜSE IN DER FOLIE

(siehe Seite 91)

Îles flottantes
SCHNEE-EIER IN VANILLESAUCE

(siehe Seite 182)

MENÜ 3

Salade de concombre à la crème fraîche
GURKENSALAT MIT CRÈME-FRAÎCHE-DRESSING

(siehe Seite 14)

Gratin d'endives au jambon
CHICORÉEGRATIN MIT GEKOCHTEM SCHINKEN

(siehe Seite 132)

Tarte Tatin de maman
DIE TARTE TATIN MEINER MUTTER

(siehe Seite 164)

MENÜ 4

Choucroute de la mer
SAUERKRAUTPLATTE MIT MEERESFRÜCHTEN

(siehe Seite 72)

Sole meunière
SEEZUNGE MIT ZITRONENBUTTER

(siehe Seite 88)

ALS BEILAGE

Flan de courgettes
ZUCCHINIFLAN

(siehe Seite 143)

Soupe de fruits rouges et son sorbet au yaourt
KÜHLE BEERENSUPPE MIT JOGHURTSORBET

(siehe Seite 198)

MENÜ 5

Soupe vichyssoise
LAUCH-KARTOFFEL-SUPPE

(gekühlt servieren, siehe Seite 50)

Côtes de porc dijonnaise
SCHWEINEKOTELETTS IN SENFSAHNE

(siehe Seite 130)

ALS BEILAGE

FRISCHE BANDNUDELN

Pithiviers
BLÄTTERTEIGTORTE MIT MANDELFÜLLUNG

(siehe Seite 195)

MENÜ 6

Boudin de Saint-Jacques et bisque de crustacés
BOUDIN VON DER JAKOBSMUSCHEL MIT KRUSTENTIERSAUCE

(siehe Seite 78)

Carré d'agneau persillé
LAMMKARREE MIT KRÄUTERKRUSTE

(siehe Seite 136)

ALS BEILAGE

Tomates à la provençale
PROVENZALISCHE TOMATEN

(siehe Seite 142)

Tarte au citron meringuée
ZITRONENTARTE MIT BAISER

(siehe Seite 171)

MENÜ 7

Cassolettes de moules au safran
MUSCHELTOPF MIT SAFRAN
(siehe Seite 42)

Steak au poivre
PFEFFERSTEAK
(siehe Seite 106)

---ALS BEILAGE---

Pommes dauphines
KARTOFFELKRAPFEN
(siehe Seite 143)

Pêche Melba
PFIRSICH MELBA
(siehe Seite 172)

MENÜ 8

Salade de truite fumée, pommes de terre nouvelles et cresson
KARTOFFELSALAT MIT RÄUCHERFORELLE UND BRUNNENKRESSE
(siehe Seite 24)

Pot-au-feu
POCHIERTES RINDFLEISCH IN BRÜHE
(siehe Seite 114)

Poires Belle Hélène
BIRNE HELENE
(siehe Seite 178)

SALATE & VORSPEISEN

Salade de concombre à la crème fraîche

GURKENSALAT MIT CRÈME-FRAÎCHE-DRESSING

Meine Mutter machte diesen Salat immer für mich, als ich noch klein war, und ich konnte nie genug davon kriegen. Mir gefiel besonders, dass die Salatgurke dazu in lange Streifen geschnitten wurde und dass man am Ende das köstliche cremige Dressing mit Brot auftunken konnte. Was ich übrigens immer noch tue.

2 Salatgurken (à etwa 650 g)
Meersalz
80 g Crème fraîche oder Sauerrahm
3 TL Dijonsenf
3 TL Weißweinessig
2 TL gehackter Dill, plus einige Stängel zum Garnieren
Frisch gemahlener schwarzer Pfeffer

1 Die Salatgurken mithilfe eines Sparschälers schälen, der Länge nach halbieren, dann ebenfalls mit dem Sparschäler lange, dünne Streifen abschneiden. Das weiche Innere der Gurken mit den Samenkernchen nicht verwenden. Die Gurkenstreifen in ein Sieb geben, das Sieb auf eine Schüssel stellen. Die Gurkenstreifen mit 1½ EL Salz bestreuen, sorgfältig mischen und 10 Minuten Wasser ziehen lassen. Sehr gründlich abspülen, mit sanftem Druck trocken tupfen und in eine Schüssel füllen.

2 Die Crème fraîche mit dem Dijonsenf und dem Essig verrühren und zusammen mit dem gehackten Dill zu den Gurkenstreifen geben. Den Salat mit Salz und Pfeffer abschmecken. Gut durchheben, mit Dillspitzen garnieren und sofort servieren.

Für 4 Personen als Beilage

Salade piémontaise
KARTOFFELSALAT AUF FRANZÖSISCHE ART

Dies ist einer der Salate, deren Zubereitung ich lernte, als ich im Restaurant meines Vaters in Saint-Nazaire zu arbeiten begann. Saint-Nazaire ist eine Hafenstadt an der Atlantikküste mit Werftindustrie, daher bestand unsere Kundschaft hauptsächlich aus Arbeitern. Mit all dem Schinken, den Eiern und Tomaten war dieser Salat für sie ein herzhaftes Mittagessen. Im Restaurant servierten wir den Kartoffelsalat als vollständige Mahlzeit, man kann ihn aber auch als Beilage genießen.

600 g kleine festkochende Kartoffeln (vorzugsweise La Ratte), abgebürstet
Salz
4 Eier
4 feste Tomaten, von den Samen befreit, in 1 cm große Würfel geschnitten
200 g gekochter Schinken, in 1 cm große Würfel geschnitten
5 Cornichons, der Länge nach in dünne Scheiben geschnitten
¼ Tasse fein gehackte krause Petersilie
120 g Mayonnaise (siehe Seite 27)

1 Die Kartoffeln in einen großen Topf mit leicht gesalzenem Wasser geben, bei hoher Temperatur zum Kochen bringen, dann bei mittlerer Hitze etwa 20 Minuten köcheln lassen, bis sie gar sind, aber nicht zerfallen. Die Kartoffeln abgießen und pellen, sobald sie so weit abgekühlt sind, dass man sie anfassen kann. In große Stücke schneiden.

2 In der Zwischenzeit die Eier in einem kleinen Topf mit kaltem Wasser bedecken und bei mittlerer Temperatur zum Kochen bringen. 6 Minuten kochen, dann abgießen und in kaltem Wasser abschrecken. Die Eier vorsichtig schälen, in Viertel schneiden und beiseitestellen.

3 Die Kartoffeln mit den Eiern, den Tomaten, dem Schinken und den Cornichons in eine große Schüssel füllen und behutsam mischen. Die Petersilie und gerade so viel Mayonnaise hinzufügen, wie nötig ist, um die anderen Zutaten damit zu überziehen. Den Salat vorsichtig durchheben und servieren.

Für 4–6 Personen als kleine Mahlzeit oder als Beilage

Salade d'endive aux noix et roquefort

CHICORÉESALAT MIT WALNÜSSEN UND ROQUEFORT

Und noch eine klassische Kombination, die von der Harmonie der unterschiedlichen Aromen und Konsistenzen lebt – leicht bittere Salatblätter, die Süße der Birnen, das kräftige, salzige Aroma des Roquefort, die knackigen Walnüsse und die herzhafte Haselnussvinaigrette. Perfekt mit knusprigem Baguette.

20 g Butter
80 g Walnusskerne
4 Köpfe Chicorée
200 g gemischte Blattsalate, gewaschen und trocken geschleudert
1 feste reife Birne
150 g Roquefort, zerkrümelt
¼ Bund Schnittlauch, in 4 cm lange Stücke geschnitten
60 ml Haselnussvinaigrette (siehe Seite 26)

1. In einer kleinen Pfanne bei mittlerer Temperatur die Butter erhitzen. Sobald sie zu schäumen beginnt, die Walnusskerne hineingeben und 4–5 Minuten schwenken, bis sie gebräunt sind und glänzen. Auf Küchenpapier abtropfen lassen.

2. Kurz vor dem Servieren von den Chicoréeköpfen das untere Ende abschneiden. Die äußeren Blätter entfernen, die übrigen nacheinander ablösen und in eine große Schüssel füllen. (Den Chicorée wirklich erst unmittelbar vor dem Servieren vorbereiten, da sich die Blätter an den Schnittkanten schnell braun verfärben.) Den Blattsalat hinzufügen und vorsichtig untermischen.

3. Die Birne halbieren und vom Kerngehäuse befreien, dann das Fruchtfleisch in dünne Scheiben schneiden. Die Birne, den Käse, die Walnusskerne und den Schnittlauch auf den Salatblättern verteilen. Mit so viel Haselnussvinaigrette übergießen, wie nötig ist, um die Salatblätter gerade eben zu überziehen. Den Salat behutsam mit den Händen mischen. Sofort servieren.

Für 4–6 Personen als Vorspeise

Salade niçoise
NIZZA-SALAT

Bei einem Nizza-Salat ist es für mich das Wichtigste, den allerfrischesten Thunfisch zu verwenden, den man bekommen kann. Und dieser darf auch nur kurz scharf angebraten werden, sodass er innen noch so gut wie roh ist. Falls Sie schon im Vorfeld befürchten, Sie könnten der Versuchung erliegen, den Thunfisch komplett durchzugaren, sollten Sie lieber einen qualitativ hochwertigen Thunfisch in Öl aus der Dose verwenden – der Salat wird ebenfalls köstlich schmecken, wenn auch auf eine etwas andere Art.

4 Thunfischsteaks (à 100 g)
200 g dünne grüne Bohnen, geputzt
Salz
12 kleine festkochende Kartoffeln (vorzugsweise La Ratte), abgebürstet
4 Eier
30 kleine schwarze Oliven (vorzugsweise der Sorte Niçoise)
12 Kirschtomaten, halbiert
12 in Salz eingelegte Sardellenfilets, gründlich abgespült und der Länge nach halbiert
8 Blätter Basilikum, größere Blätter zerzupft
1 EL Balsamico-Essig
90 ml Olivenöl
Meersalz und frisch gemahlener schwarzer Pfeffer

1 Den Thunfisch 30 Minuten vor der Zubereitung aus dem Kühlschrank nehmen.

2 Die Bohnen in kochendem Salzwasser etwa 2 Minuten garen, sodass sie noch bissfest sind. In ein Sieb abgießen und unter fließendem kaltem Wasser abschrecken.

3 In der Zwischenzeit die Kartoffeln in einem Topf mit leicht gesalzenem Wasser etwa 15 Minuten garen. Sobald sie so weit abgekühlt sind, dass man sie anfassen kann, pellen und in 2 cm dicke Scheiben schneiden.

4 Die Eier in einen kleinen Topf legen, mit kaltem Wasser bedecken und bei mittlerer Temperatur zum Kochen bringen. 8 Minuten nach dem Aufkochen vom Herd nehmen, abgießen und in kaltem Wasser abschrecken. Die Eier schälen, in Viertel schneiden und beiseitestellen.

5 Die Bohnen mit den Kartoffeln, den Oliven, den Tomaten, den Sardellen und dem Basilikum in eine Schüssel füllen. Den Essig und 60 ml Olivenöl hinzufügen, mit Salz und Pfeffer nach Geschmack würzen und vermischen.

6 Das restliche Olivenöl bei hoher Temperatur in einer großen Pfanne erhitzen. Den Thunfisch salzen und pfeffern und in der sehr heißen Pfanne auf jeder Seite 30 Sekunden anbraten, sodass er außen goldgelb gefärbt und innen noch roh ist. Vom Herd nehmen und beiseitestellen.

7 Zum Servieren den Salat gleichmäßig auf vier Teller verteilen, darauf je ein diagonal halbiertes Thunfischsteak anrichten und mit den Eiervierteln garnieren.

Für 4 Personen als Vorspeise oder kleine Mahlzeit

Salade de foies de volaille et lardons
FRISÉESALAT MIT HÜHNERLEBER UND SPECK

Um ganz ehrlich zu sein, bin ich kein großer Leberfan. Diese Art der Zubereitung gehört zu den wenigen, die ich wirklich gern esse: Die Kombination von geräuchertem Speck und aromatischer, zarter Leber zählt zu den besten überhaupt. Ein wunderbarer warmer Salat, den man auch im Winter servieren kann. Sie können anstelle der weich gekochten Eier auch gern pochierte Eier verwenden, wenn Sie das lieber möchten – dann läuft das Eigelb über den Salat, was ich ganz köstlich finde.

4 Eier
300 g Hühnerleber
2 EL Pflanzenöl
20 g Butter
200 g durchwachsener Speck, in 3 × 1 cm große Streifen
    (*lardons,* siehe Seite 202) geschnitten
Meersalz und frisch gemahlener schwarzer Pfeffer
2 EL Himbeeressig
¼ Tasse fein gehackte krause Petersilie
300 g Friséesalat, dunkelgrüne, äußere Blätter entfernt, hellgelbe,
    innere Blätter geputzt, gewaschen und trocken geschleudert
100 ml Himbeervinaigrette (siehe Seite 26)
50 g Pinienkerne, geröstet
¼ Bund Schnittlauch, in 4 cm lange Stücke geschnitten

1. Die Eier in einen kleinen Topf legen, mit kaltem Wasser bedecken und bei mittlerer Temperatur zum Kochen bringen. 2 Minuten nach dem Aufkochen vom Herd nehmen, abgießen und abschrecken. Die Eier vorsichtig schälen und beiseitestellen.

2. Die Lebern von Blutgefäßen, grünlichen Verfärbungen und Fett befreien. Gründlich abspülen und mit Küchenpapier trocken tupfen.

3. In einer Pfanne mit schwerem Boden das Öl mit der Butter bei hoher Temperatur erhitzen. Den Speck hineingeben und 5 Minuten goldbraun anbraten. Mit einem Schaumlöffel herausheben, sodass möglichst viel Fett in der Pfanne zurückbleibt.

4. Die Lebern salzen und pfeffern, dann in die heiße Pfanne legen und von jeder Seite 1 Minute anbraten, bis sie außen goldbraun und innen noch rosa sind. Mit dem Essig ablöschen und alles, was am Pfannenboden angesetzt hat, durch Abschaben lösen, dann die Petersilie unterrühren und die Pfanne vom Herd nehmen.

5. Den Friséesalat in eine Schüssel füllen. Mit der Himbeervinaigrette übergießen und vorsichtig durchheben, dann den Speck und die Lebermischung hinzufügen.

6. Zum Servieren den Salat auf Teller verteilen. Die Eier in Hälften schneiden und auf dem Salat anrichten, mit den Pinienkernen und Schnittlauch bestreuen und sofort servieren.

Für 4 Personen als Vorspeise

Salade de truite fumée, pommes de terre nouvelles et cresson

KARTOFFELSALAT MIT RÄUCHERFORELLE UND BRUNNENKRESSE

Diesen erfrischenden Salat habe ich kreiert, als ich 2009 die Frühlingskarte für mein Restaurant *L'étoile* zusammenstellte. Ich wollte nur einen Salat auf der Speisekarte haben, und ich war mir nicht sicher, ob meine Wahl ankommen würde. Er wurde zu einem absoluten Bestseller! Die Aromen harmonieren ganz wunderbar (säuerlicher Apfel, Kartoffel und saftige Räucherforelle) und der Salat ist auch noch total einfach zuzubereiten.

300 g kleine festkochende Kartoffeln (vorzugsweise La Ratte), abgebürstet
2 große Handvoll Brunnenkresse, geputzt (etwa 180 g)
Eiswürfel
400 g heiß geräucherte Lachsforelle (ersatzweise Stremellachs)
1 Apfel der Sorte Granny Smith
1 Bund Schnittlauch, in 3 cm lange Stücke geschnitten
½ Zitrone, gepresst
Natives Olivenöl extra zum Beträufeln
Meersalz und frisch gemahlener schwarzer Pfeffer
100 g Crème fraîche oder Sauerrahm
3 TL Dijonsenf
Zitronenspalten oder -scheiben zum Servieren (nach Belieben)

1 Die Kartoffeln etwa 20 Minuten kochen, bis sie gar sind, dann abgießen. Sobald sie so weit abgekühlt sind, dass man sie anfassen kann, pellen und in 1 cm dicke Scheiben schneiden.

2 Die Brunnenkresse für 10 Minuten in Eiswasser legen. Gut abtropfen lassen.

3 Von der Forelle die Haut entfernen, dann die Filets auslösen, Haut und Gräten wegwerfen. Die Filets in große Stücke teilen und in eine Schüssel legen, dabei noch vorhandene kleinere Gräten sorgfältig entfernen.

4 Den ungeschälten Apfel in streichholzgroße Stäbchen schneiden und mit der Brunnenkresse und dem Schnittlauch zu den Forellenstücken geben. Einen Spritzer Zitronensaft und etwas Olivenöl hinzufügen und mit Salz und Pfeffer würzen. Behutsam vermischen.

5 In einer großen Schüssel die Crème fraîche mit dem Senf verrühren und nach Geschmack salzen und pfeffern. Die Kartoffelscheiben unterheben.

6 Zum Servieren die Kartoffelmischung auf vier Teller verteilen, den Forellensalat darauf anrichten. Nach Belieben mit einer Zitronenspalte oder -scheibe garnieren.

Für 4 Personen als Vorspeise oder kleine Mahlzeit

Vinaigrette
VINAIGRETTE

1 TL Dijonsenf
60 ml Rotweinessig
Meersalz und frisch gemahlener schwarzer Pfeffer
200 ml Olivenöl

Den Senf mit dem Essig in eine Schüssel geben, mit Salz und Pfeffer würzen und gut verrühren. Unter ständigem Schlagen das Öl in gleichmäßigem, dünnem Strahl zugießen, bis die Vinaigrette emulgiert.

Ergibt 260 ml

TIPPS UND TRICKS

Für ein emulgiertes Dressing muss die säuerliche Komponente (Essig oder Zitronensaft) zuerst mit Senf (falls verwendet) und Salz und Pfeffer verrührt werden. Salz löst sich in Öl nicht auf, daher muss es in Essig gelöst werden. Anschließend langsam das Öl unter Schlagen zugießen, bis eine Emulsion entsteht und die Zutaten sich verbinden.

Es ist praktisch, wenn man einen kleinen Vorrat an Dressing in einem Schraubglas im Kühlschrank bereitstehen hat, wo es etwa 1 Woche haltbar ist. Vor dem Gebrauch einfach das Glas schütteln, dann emulgiert das Dressing erneut.

Vinaigrette au citron
ZITRONENVINAIGRETTE

60 ml Zitronensaft
Meersalz und frisch gemahlener schwarzer Pfeffer
150 ml Olivenöl

Den Zitronensaft mit Salz und Pfeffer in einem Schraubglas gut verrühren. Das Öl dazugießen, das Glas verschließen und schütteln, bis sich alle Zutaten verbunden haben.

Ergibt 210 ml

Vinaigrette à la framboise
HIMBEERVINAIGRETTE

50 ml Himbeeressig
Meersalz und frisch gemahlener schwarzer Pfeffer
100 ml Pflanzenöl
50 ml Olivenöl

Den Himbeeressig mit Salz und Pfeffer in einem Schraubglas gut verrühren. Das Öl dazugießen, das Glas verschließen und schütteln, bis sich alle Zutaten verbunden haben.

Ergibt 200 ml

Vinaigrette de noix ou noisette
WALNUSS- ODER HASELNUSS-VINAIGRETTE

1 TL Dijonsenf
50 ml Weißweinessig
Meersalz und frisch gemahlener schwarzer Pfeffer
50 ml Pflanzenöl
100 ml Walnuss- oder Haselnussöl

Den Senf mit dem Essig in eine Schüssel geben, mit Salz und Pfeffer würzen und gut verrühren. Unter ständigem Schlagen das Öl in gleichmäßigem, dünnem Strahl zugießen, bis die Vinaigrette emulgiert.

Ergibt 200 ml

Mayonnaise
MAYONNAISE

1 Eigelb
1½ EL Dijonsenf
Meersalz und frisch gemahlener weißer Pfeffer
250 g Traubenkernöl
1 TL Zitronensaft (oder Menge nach Belieben)

Alle Zutaten müssen raumtemperiert sein.

Das Eigelb mit dem Senf sowie je 1 Prise Salz und Pfeffer in einer Schüssel verrühren. Die Schüssel auf ein Küchentuch stellen, damit sie nicht verrutschen kann. Unter ständigem Rühren das Öl erst tropfenweise, dann langsam in dünnem Strahl zugießen, bis eine dicke, emulgierte Masse entstanden ist. Den Zitronensaft unterrühren und abschmecken.

Ergibt etwa 300 ml

Aïoli
KNOBLAUCH-MAYONNAISE

1 kleine mehligkochende Kartoffel (etwa 125 g), abgebürstet
5 Knoblauchzehen, geschält
Meersalz
2 Eigelb
1 TL Zitronensaft (oder Menge nach Belieben)
250 ml Olivenöl
1 Prise Cayennepfeffer

Alle Zutaten müssen raumtemperiert sein.

Den Backofen auf 200 °C vorheizen. Die Kartoffel mit einer Gabel einstechen, dann 35–40 Minuten backen, bis sie gar ist. Sobald sie so weit abgekühlt ist, dass man sie anfassen kann, das Fruchtfleisch auslösen. Den Knoblauch mit 1 großen Prise Salz im Mörser zerstoßen und in die Küchenmaschine geben. Die Eigelbe, den Zitronensaft und 30 g Kartoffeln hinzufügen und glatt pürieren. Bei laufendem Motor das Öl zuerst tropfenweise, dann in gleichmäßigem, dünnem Strahl zugießen, bis die Mischung eindickt und emulgiert. Mit Salz, Cayennepfeffer und noch etwas Zitronensaft abschmecken.

Ergibt etwa 375 ml

Rouille
KNOBLAUCH-MAYONNAISE MIT GERÖSTETER PAPRIKA

1 kleine mehligkochende Kartoffel, abgebürstet
1 rote Paprikaschote
5 Knoblauchzehen, geschält
Meersalz
2 Eigelb
1 TL Zitronensaft (oder Menge nach Belieben)
1 Prise Safranfäden
250 ml Olivenöl
1 Prise Cayennepfeffer

Alle Zutaten müssen raumtemperiert sein.

Den Backofen auf 200 °C vorheizen.

Die Kartoffel mit einer Gabel einstechen, dann 35–40 Minuten auf dem Gitterrost backen, bis sie gar ist. Sobald sie so weit abgekühlt ist, dass man sie anfassen kann, das Fruchtfleisch auslösen und die Schale wegwerfen.

In der Zwischenzeit die Paprika über einer Gasflamme rösten, bis sich die Haut schwarz färbt und Blasen wirft. (Alternativ die Paprika unter dem Backofengrill rösten.) In eine Schüssel legen, mit Frischhaltefolie abdecken und 10 Minuten ruhen lassen, bis sie so weit abgekühlt ist, dass man sie anfassen kann. Die Haut abziehen, die Samen und Scheidewände entfernen und wegwerfen, das Fruchtfleisch hacken.

Den Knoblauch mit 1 großen Prise Salz im Mörser zu einer Paste zerstoßen, dann in die Küchenmaschine geben. Die Eigelbe, die Paprika, den Zitronensaft, die Safranfäden und 30 g Kartoffeln hinzufügen und glatt pürieren. Bei laufendem Motor das Öl zuerst tropfenweise, dann in gleichmäßigem, dünnem Strahl zugießen, bis die Mischung eindickt und emulgiert. Die Mayonnaise mit Salz, Cayennepfeffer und, falls nötig, noch etwas Zitronensaft abschmecken.

Ergibt etwa 430 ml

Rillettes de porc
RILLETTE VOM SCHWEIN

Rillettes sind eine typisch französische Delikatesse, für die Fleisch von Schwein, Kaninchen oder Ente eingesalzen und langsam in Fett gegart wird, bis es so zart ist, dass es sich leicht auseinanderzupfen lässt. Diese Fleisch-Fett-Mischung wird im Kühlschrank aufbewahrt und auf frischem Brot oder Toast serviert. Gekaufte Rillettes sind häufig viel zu fett, daher nehme ich für meine selbst gemachte Version auch etwas mageres Fleisch dazu (wie beispielsweise Schweinelende). Im Grunde brauchen Sie für dieses rustikale Rezept auch nicht die besten Teile vom Schwein zu verwenden. Für Kaninchenrillettes ersetzen Sie die Schweineschulter einfach durch das ausgelöste Fleisch von einem etwa 2 kg schweren Kaninchen.

500 g Schweineschulter ohne Knochen, in 2,5 cm große Stücke geschnitten
130 g Schweinelende, in 2,5 cm große Stücke geschnitten
20 g grobes Meersalz
1 Wacholderbeere
5 schwarze Pfefferkörner
1 Gewürznelke
1 Lorbeerblatt
2 Zweige Thymian
380 g grüner Speck (siehe Seite 202), in 1 cm große Stücke geschnitten
Frisch gemahlener schwarzer Pfeffer

1 Die Fleischwürfel in eine große Schüssel legen. Das Salz mit der Wacholderbeere, den Pfefferkörnern und der Gewürznelke im Mörser fein zerstoßen und zusammen mit dem Lorbeerblatt und dem Thymian zum Fleisch geben. Gründlich vermischen. Mit Frischhaltefolie abdecken und 24 Stunden kalt stellen.

2 In einer großen Pfanne mit schwerem Boden 50 g grünen Speck bei niedriger Temperatur zerlassen. Bei starker Hitze das marinierte Schweinefleisch portionsweise jeweils etwa 5 Minuten anbraten, bis es ringsum gebräunt ist. Das Fleisch aus der Pfanne nehmen und mit dem restlichen grünen Speck in einen gusseisernen Schmortopf geben und mit so viel Wasser auffüllen, dass zwei Drittel des Fleischs bedeckt sind (etwa 300 ml). Bei sehr niedriger Temperatur unter regelmäßigem Rühren 3½–4 Stunden garen, bis das Fleisch sehr zart ist und fast zerfällt. Das Fleisch in einem Sieb über einer großen Schüssel abtropfen lassen, das Fett auffangen und zum Abkühlen beiseitestellen.

3 Mit einer Gabel oder den Fingern das Fleisch zerpflücken und in eine große Schüssel füllen, dann das abgekühlte Fett zugeben und alles gut vermischen. Mit Frischhaltefolie abdecken und 30 Minuten kalt stellen, dann erneut durchmischen. Fett und Fleisch müssen sich gut verbinden. Falls nötig, mit noch etwas Salz und Pfeffer abschmecken. Die Masse in eine Terrinenform mit 650 ml Inhalt oder in vier Auflaufförmchen mit je 150 ml Fassungsvermögen füllen. Die Oberfläche glatt streichen und mit Frischhaltefolie abdecken. Die Rillettes vor dem Servieren 2 Tage im Kühlschrank ruhen lassen.

Für 10–12 Personen als Vorspeise

Céleri rémoulade
SELLERIE-APFEL-SALAT

Servieren Sie den Salat als Vorspeise, ganz einfach in einer großen Schüssel, aus der sich jeder selbst bedienen kann. In diesem Fall würde ich darauf verzichten, Einzelportionen auf Tellern anzurichten. Ach ja: Auch für ein Picknick eignet sich dieser Salat bestens – vielleicht in Kombination mit meinem Gurkensalat mit Crème-fraîche-Dressing (siehe Seite 14) und etwas kaltem Huhn (siehe Seite 150).

1 kleine Sellerieknolle (etwa 400 g)
2 Äpfel der Sorte Granny Smith
150 g Mayonnaise (siehe Seite 27)
⅓ Tasse gehackte glatte Petersilie
Saft von ½ Zitrone (oder Menge nach Belieben)
Meersalz und frisch gemahlener schwarzer Pfeffer

1 Den Sellerie und die Äpfel schälen und in Viertel schneiden. Die Kerngehäuse der Äpfel entfernen. Dann den Sellerie und die Äpfel auf einer mittelgroben Reibe (oder mit dem mittelgroben Raspeleinsatz der Küchenmaschine) raspeln und in eine Schüssel füllen.

2 Die Mayonnaise mit den Sellerie- und Apfelraspeln vermischen, die Petersilie und den Zitronensaft unterrühren, den Salat mit Salz und Pfeffer abschmecken und servieren.

Für 4–6 Personen

Oeufs en cocotte à la florentine
SPINATEIER IM TÖPFCHEN

Die etwas großzügige Angabe für die Garzeit (7–12 Minuten) berücksichtigt die Tatsache, dass jeder Ofen anders backt – manche brauchen etwas länger. Der Trick bei der Sache ist, dass die Sahne kräftig köcheln soll, während die Eier in der Mitte nur gerade eben gestockt sind, daher ist es wichtig, dass Sie die Töpfchen gut im Auge behalten und so den richtigen Zeitpunkt abschätzen können. Spielen Sie mit den Aromen – nehmen Sie beispielsweise Schinken oder Salami dazu oder ersetzen Sie den Spinat durch Ihr Lieblingsgemüse.

1 ½ EL Olivenöl
150 g Babyspinat, verlesen und gewaschen
Meersalz und frisch gemahlener schwarzer Pfeffer
15 g Butter, zerlassen
Muskatnuss, frisch gerieben
160 g Sahne
8 Eier

1 Den Backofen auf 180 °C vorheizen.

2 Das Öl bei mittlerer bis hoher Temperatur in einer Pfanne erhitzen. Die Spinatblätter hineingeben und 1–2 Minuten im heißen Öl wenden, bis sie gerade eben zusammengefallen sind. Mit Salz und Pfeffer nach Geschmack würzen und in ein Sieb umfüllen. Mit der Rückseite eines großen Löffels (oder mit den Händen) den Spinat fest zusammendrücken, um möglichst viel Flüssigkeit herauszupressen.

3 Vier flache Auflaufförmchen mit 250 ml Fassungsvermögen mit der zerlassenen Butter ausstreichen. In jedes Förmchen etwas Muskat, Salz und Pfeffer streuen, dann die Förmchen in einen ofenfesten Bräter mit hohem Rand stellen. Den Spinat gleichmäßig auf die Förmchen verteilen, dann in jedes 2 EL Sahne gießen. Vorsichtig 2 Eier in jedes Förmchen aufschlagen. Den Bräter mit so viel kochendem Wasser füllen, dass die Förmchen bis zur Hälfte im Wasser stehen.

4 Die Eier 7–12 Minuten im Ofen backen, bis die Eiweiße gerade eben gestockt und die Eigelbe noch flüssig sind. Denken Sie daran, dass die Eier weitergaren, nachdem Sie sie aus dem Wasserbad genommen haben. Falls Ihnen die Eier noch etwas zu flüssig vorkommen, lassen Sie die Förmchen noch 3–4 Minuten ruhen. Mit etwas Pfeffer übermahlen und servieren.

Für 4 Personen als kleine Mahlzeit

Quiche lorraine de ma maman
DIE QUICHE LORRAINE MEINER MUTTER

Ein weiterer Klassiker aus dem Repertoire meiner Mutter. Der traditionelle Speckkuchen ist ein wunderbar einfaches Gericht, und ich finde, man sollte daran nichts verändern. Ich bin kein großer Fan des Trends, alles Mögliche in eine Quicheform zu packen. Für mich ist das Rezept fantastisch, und zwar genau so, wie es ist – nicht zu eilastig und so, dass der Speckgeschmack schön zur Geltung kommt. Bitte essen Sie die Quiche warm, dann sind Geschmack und Konsistenz perfekt. Kalte Quiche schmeckt einfach nicht.

½ Portion Mürbeteig (siehe Seite 200)
Weizenmehl zum Bestäuben
Butter für die Form
1 EL Pflanzenöl
100 g durchwachsener Speck, in 3 × 1 cm große Streifen geschnitten (*lardons,* siehe Seite 202)
1 Ei
1 Eigelb
100 ml Milch
100 g Sahne
1 Prise Muskatnuss, frisch gemahlen
Meersalz und frisch gemahlener schwarzer Pfeffer
50 g Gruyère oder Emmentaler, gerieben
Thymianblättchen zum Bestreuen (nach Belieben)

1 Den Teig auf einer leicht bemehlten Arbeitsfläche ausrollen. Eine gebutterte Quicheform aus Keramik oder eine Tarteform (20 cm Durchmesser) mit dem Teig auskleiden. Überstehenden Teig am Rand mit einem scharfen Messer abtrennen. Den Teig 30 Minuten kalt stellen.

2 Den Backofen auf 200 °C vorheizen.

3 Den Teig mit Backpapier abdecken, mit Backgewichten aus Ton oder getrockneten Hülsenfrüchten füllen und 15 Minuten blindbacken. Das Backpapier und die zum Beschweren verwendeten Hilfsmittel entfernen, die Backofentemperatur auf 180 °C senken und den Teigboden weitere 5 Minuten backen, bis er trocken ist und eine goldgelbe Färbung angenommen hat. Aus dem Ofen nehmen und abkühlen lassen.

4 In der Zwischenzeit in einer Pfanne bei mittlerer Temperatur das Öl erhitzen. Den Speck hineingeben und unter häufigem Rühren 5 Minuten goldbraun braten. Auf Küchenpapier abtropfen lassen.

5 Das Ei, das Eigelb, die Milch, die Sahne, Muskat, Salz und Pfeffer in einer Schüssel verquirlen. Den Käse und den Speck unterrühren, dann die Mischung auf den Teigboden gießen und etwa 20 Minuten backen, bis die Masse gerade eben gestockt ist. Nach Belieben mit Thymianblättchen bestreuen und warm servieren.

Für 4–6 Personen als kleine Mahlzeit

Pissaladière
ZWIEBEL-PAPRIKA-TARTE MIT SARDELLEN

Dies ist die berühmte Pissaladière aus Nizza. Im Original wird zwar keine Paprikaschote verwendet, aber ich finde, sie bringt noch ein bisschen zusätzliches Aroma ins Spiel. Falls Sie in Salz eingelegte Sardellen nicht mögen (oder nicht auftreiben können), sind marinierte Sardellen eine gute Alternative. Und was für alle Rezepte mit Blätterteig gilt, trifft auch hier zu: Verwenden Sie unbedingt mit Butter zubereiteten Blätterteig. Sie werden sehen, das macht einen Riesenunterschied.

2 Platten auf Backpapier aufgerollter Butterblätterteig, aufgetaut
100 ml Olivenöl
4 Gemüsezwiebeln, in Scheiben geschnitten
1 EL gehackter Thymian, plus Thymian zum Bestreuen (nach Belieben)
Meersalz
1 große rote Paprika
20 Sardellen, abgespült und längs halbiert
42 schwarze Oliven, entsteint und halbiert

1 Den Backofen auf 190 °C vorheizen und zwei Bleche mit Backpapier auslegen.

2 Mit einem großen Teller als Schablone 2 Kreise von 25 cm Durchmesser aus dem Blätterteig ausschneiden und jeweils auf ein Backblech legen. Den Teig mehrfach mit einer Gabel einstechen, mit einer Lage Backpapier bedecken und mit einem weiteren Backblech beschweren, was verhindert, dass der Teig beim Backen ungleichmäßig aufgeht. Etwa 20 Minuten backen, bis der Teig goldgelb und knusprig ist.

3 In der Zwischenzeit das Olivenöl in einem großen Topf mit schwerem Boden erhitzen. Die Zwiebeln, den Thymian und 1 Prise Salz hinzufügen und gut vermischen. Bei sehr niedriger Temperatur etwa 1 Stunde braten, bis die Zwiebeln karamellisiert sind, dabei häufig umrühren, damit sie nicht am Topfboden ansetzen.

4 Die Paprikaschote über einer Gasflamme rösten, bis die Haut schwarz verbrannt ist (oder unter dem vorgeheizten Backofengrill). Die Paprika in eine Schüssel legen, mit Frischhaltefolie abdecken und so weit abkühlen lassen, dass man sie anfassen kann. Dann die Haut abziehen, Samen und Scheidewände entfernen. Das Fruchtfleisch in dünne Streifen schneiden und beiseitestellen.

5 Die Teigböden mit jeweils der Hälfte der Zwiebelmenge dick belegen, dann die Paprikastreifen und die Sardellen so auf den Tartes anrichten, dass ein Rautenmuster entsteht. In die entstandenen Zwischenräume je eine Olivenhälfte setzen. Die Pissaladière nach Belieben mit Thymianblättchen bestreuen und servieren.

Für 8 Personen als kleine Mahlzeit

Cassolette de ris de veau aux morilles
KALBSBRIES-TÖPFCHEN

Dieses Gericht habe ich einmal Bekannten vorgesetzt, ohne ihnen zu verraten, dass sich unter der Blätterteigkruste Kalbsbries befindet – sie waren begeistert. Ich befürchte, sie hätten es nicht probiert, wenn ich ihnen das vorher erzählt hätte. In Frankreich ist Kalbsbries eine besondere Delikatesse, während es in anderen Ländern angeblich an Hunde und Katzen verfüttert wird – was für ein Frevel! Das Bries besitzt die beste Konsistenz, wenn es außen karamellisiert, innen aber weich und cremig ist.

10 g getrocknete Morcheln
100 ml heißes Wasser
250 g Kalbsbries
   (beim Metzger vorbestellen)
5 schwarze Pfefferkörner
½ Zwiebel
1 Zweig Thymian
1 Lorbeerblatt
1 Prise grobes Meersalz und frisch
   gemahlener schwarzer Pfeffer
1½ EL Pflanzenöl

40 g Butter
200 g Champignons, geputzt und geviertelt
2 Schalotten, fein gehackt
2 Knoblauchzehen
150 ml heller Geflügelfond
   (siehe Seite 48)
100 g Sahne
2 EL gehackte krause Petersilie
1 Platte auf Backpapier aufgerollter
   Butterblätterteig, aufgetaut
1 Eigelb, verquirlt

1   Die getrockneten Morcheln in eine kleine Schüssel geben, mit dem heißen Wasser bedecken und 15 Minuten quellen lassen. Die Morcheln abgießen, die Einweichflüssigkeit auffangen, filtern und beiseitestellen. Die Pilze gründlich abspülen, um noch vorhandenen Sand zu entfernen, dann grob hacken.

2   Das Kalbsbries mit den Pfefferkörnern, der Zwiebel, dem Thymian, dem Lorbeerblatt und dem Salz in einen Topf geben. Mit kaltem Wasser bedecken und bei mittlerer Temperatur zum Kochen bringen. Den Topf sofort vom Herd nehmen und 5 Minuten stehen lassen (Bries darf nicht übergart werden, da es sonst zäh wird). Das Bries auf Küchenpapier abtropfen lassen und kalt stellen, bis es vollständig abgekühlt ist. Das Bries häuten, von jeglichem Fett befreien und mit Salz und Pfeffer würzen.

3   In einer Pfanne das Öl mit 20 g Butter bei mittlerer Temperatur erhitzen. Sobald die Butter zu schäumen beginnt, das Bries hineinlegen und pro Seite 1–2 Minuten anbraten, bis es sich gerade eben goldgelb färbt. Aus der Pfanne nehmen, beiseitestellen. Die restliche Butter in die Pfanne geben. Sobald sie aufschäumt, die Pilze etwa 5 Minuten goldbraun anbraten. Die Morcheln, die Chamignons, die Schalotten und den Knoblauch hinzufügen und weitere 2–3 Minuten braten, bis der Pfanneninhalt aromatisch zu duften beginnt. Den Fond und die Einweichflüssigkeit der Morcheln zugießen (dabei den letzten Rest sandiges Wasser nicht mitverwenden). Etwa 8 Minuten köcheln lassen – die Flüssigkeit muss um die Hälfte einkochen. Die Sahne zugeben und wiederum um die Hälfte reduzieren. Die Pilzsauce mit Salz und Pfeffer abschmecken, die Petersilie unterrühren, vom Herd nehmen und abkühlen lassen.

4   Den Backofen auf 200 °C vorheizen.

5   Das Bries in mundgerechte Stücke schneiden und auf vier Auflaufförmchen von 150 ml Fassungsvermögen verteilen (meine haben einen Durchmesser von 9 cm). Mit der Pilzsauce übergießen.

6   Aus dem Blätterteig 4 Kreise von 12 cm Durchmesser ausstechen und rautenförmig einritzen. Die Förmchen damit verschließen, dann auf ein Backblech stellen. Den Teig mit Eigelb bestreichen und mit einem kleinen Messer jeweils ein Loch in die Mitte stechen, damit beim Backen Dampf entweichen kann. Etwa 12 Minuten backen, bis der Blätterteig goldbraun und knusprig ist.

Für 4 Personen als Vorspeise oder kleine Mahlzeit

Terrine de lapin
KANINCHENTERRINE

Terrinen sind sehr französisch, und es gibt keine bessere Art, eine Mahlzeit zu beginnen. Einer meiner Onkel ist Metzger, und ich habe ihn gerade für ein paar Wochen besucht, um die Charcuterieherstellung zu lernen. Ich finde es immer wieder beeindruckend, wie sich die ganzen Schweine, Hühner und Kaninchen, die morgens angeliefert werden, in köstliche Würste, Terrinen und Pasteten verwandeln. Für mich ist das reine Magie! In Frankreich gibt es Schweinenetz überall zu kaufen, in Deutschland muss man es bei einem guten Metzger vorbestellen.

1 Zuchtkaninchen, entbeint, von Fett und Sehnen befreit (etwa 750 g Fleisch)
500 g Schweineschulter
750 g grüner Speck (siehe Seite 202)
1 Lorbeerblatt
1 EL gehackter Thymian
Meersalz und frisch gemahlener schwarzer Pfeffer
1 Prise Quatre-épices (siehe Seite 202)
50 ml Portwein
50 ml Cognac
80 ml Olivenöl
2 Schalotten, fein gehackt
1 Knoblauchzehe, fein gehackt
1 Ei
⅓ Tasse fein gehackte krause Petersilie
200 g Schweinenetz (siehe Seite 202; nach Belieben)
Geröstetes Brot, Dijonsenf und Cornichons zum Servieren

1 Das Kaninchenfleisch in 1–2 cm große Stücke schneiden und in eine Schüssel legen. Schweinefleisch und Speck durch die grobe Lochscheibe des Fleischwolfs drehen und zum Kaninchenfleisch geben. Das Lorbeerblatt, den Thymian, 2 EL Salz, 3 TL Pfeffer, Quatre-épices, Portwein und Cognac hinzufügen, gut mischen, abdecken und über Nacht kalt stellen.

2 Am nächsten Tag den Backofen auf 140 °C vorheizen.

3 In einer kleinen Pfanne bei niedriger Temperatur das Olivenöl erhitzen. Die Schalotten und den Knoblauch darin 4–5 Minuten unter Rühren anschwitzen. Vom Herd nehmen und abkühlen lassen.

4 Das Ei, die Petersilie und die abgekühlte Zwiebel-Knoblauch-Mischung zum Fleisch geben. Mit den Händen alles gut vermischen, bis das Fett klebrig ist und die Zutaten sich verbunden haben. (Dieser Schritt ist wichtig, damit die Terrine nach dem Garen nicht bröckelig wird.) Das Lorbeerblatt entfernen.

5 Das Schweinenetz (falls verwendet) unter fließendem kaltem Wasser abspülen, dann gut abtropfen lassen. Eine Terrinenform mit 2 l Fassungsvermögen mit einer Lage Schweinenetz auskleiden; nicht überlappen lassen. (Alternativ den Boden und die Seiten mit Backpapier auskleiden.) Die Fleischmasse in die Form füllen, dann das Schweinenetz oder das Backpapier über der Masse zusammenschlagen, sodass auch die Oberfläche bedeckt ist. Fest zusammendrücken, um Lufteinschlüsse zu entfernen.

6 Die Terrinenform in einen Bräter mit hohem Rand stellen und so viel kochendes Wasser angießen, dass die Form zur Hälfte im Wasser steht. Die Terrine 1½–2 Stunden garen, bis die Kerntemperatur 60 °C auf dem Küchenthermometer beträgt. Den Bräter vorsichtig aus dem Ofen nehmen, dann die Terrinenform herausheben und überschüssiges Fett abgießen. Eine kleinere Form auf die Terrine stellen, mit Steinen oder Konservendosen beschweren, um die Fleischmasse zu pressen. Das verbessert die Konsistenz der Terrine. Abkühlen lassen und über Nacht kalt stellen.

7 Die Terrine in Scheiben schneiden. Mit geröstetem Brot, Dijonsenf und Cornichons servieren.

Für 12 Personen als Vorspeise

Salate & Vorspeisen

Poireaux à la vinaigrette de truffe

JUNGER LAUCH MIT TRÜFFELVINAIGRETTE

Dieser Klassiker wurde in den 1970er-Jahren von Paul Bocuse »erfunden«. Die Kombination ist unschlagbar: Lauch, Trüffeln und Tomaten. Ich liebe jungen Lauch, schon weil er so hübsch aussieht. Falls Sie keinen auftreiben können oder größere Lauchstangen bevorzugen, ist das aber auch kein Problem. Die Kochzeit verlängert sich etwas – den Lauch einfach garen, bis er weich genug ist.

12 junge daumendicke Lauchstangen, von dunkelgrünen Enden und Wurzelenden befreit, geputzt, gründlich gewaschen und in 8 cm lange Stücke geschnitten
Salz
Eiswürfel
2 Flaschentomaten (Romatomaten), enthäutet (siehe Seite 202), von den Samen befreit und fein gehackt
2 EL fein gehackter Schnittlauch
1 EL Olivenöl
Meersalz und frisch gemahlener schwarzer Pfeffer
100 ml Vinaigrette (siehe Seite 26)
20 g schwarze Trüffeln, sehr dünn gehobelt
1 kleine Handvoll Kresse und Friséesalat zum Servieren (nach Belieben)

1 Den Lauch in leicht gesalzenem kochendem Wasser garen, bis er weich ist, dann abgießen und in Eiswasser abschrecken. Gut abtropfen lassen, behutsam überschüssiges Wasser aus den Lauchstangen herausdrücken. Zum Schluss trocken tupfen.

2 Die Tomaten, den Schnittlauch und das Olivenöl in eine Schüssel geben, mit Salz und Pfeffer würzen und vorsichtig vermischen.

3 Die Vinaigrette mit den Trüffelscheiben im Mixer pürieren, bis sich die Zutaten verbunden haben.

4 Zum Servieren die Lauchstangen der Länge nach halbieren, auf Teller verteilen oder auf eine große Platte legen. Die Tomaten-Schnittlauch-Mischung am einen Ende anrichten und die Kresse und den Frisée (falls verwendet) am anderen Ende. Zum Schluss die Lauchstangen mit der Trüffelvinaigrette beträufeln.

Für 4 Personen als Vorspeise

Cassolettes de moules au safran
MUSCHELTÖPFCHEN MIT SAFRAN

In der Bretagne gibt es hervorragende Miesmuscheln, die hier *moules de bouchot* heißen. Sie werden an Pfählen gezogen, den *bouchots*. Berühmt sind die Muscheln aus der Bucht von Mont-Saint-Michel, aber auch an der Atlantikküste befinden sich Zuchtanlagen. Diese Zubereitung – luxuriös durch Safran und Sahne, mild-süßlich durch Lauch – ist eine besonders gelungene Art, Muscheln zu servieren.

1 kg Miesmuscheln
100 ml trockener Weißwein
1 Schalotte, in Scheiben geschnitten
1 Knoblauchzehe, zerdrückt
1 Zweig Thymian
1 Lorbeerblatt
3 schwarze Pfefferkörner
100 ml heller Geflügelfond (siehe Seite 48)
80 g Sahne
1 Prise Safranfäden

Frisch gemahlener schwarzer Pfeffer
2 TL Butter
1½ EL Olivenöl
1 kleine Stange Lauch, nur der weiße Teil, in Julienne geschnitten (siehe Seite 202)
1 Möhre, in Julienne geschnitten (siehe Seite 202)
1 Platte auf Backpapier aufgerollter Butterblätterteig, aufgetaut
1 Eigelb

1 Muscheln mit geöffneten oder beschädigten Schalen wegwerfen. Schalen abbürsten, Bärte entfernen.

2 In einem großen Topf den Wein mit der Schalotte, dem Knoblauch, dem Thymian, dem Lorbeerblatt sowie den Pfefferkörnern bei hoher Temperatur zum Kochen bringen und 2 Minuten köcheln lassen. Die Muscheln hineingeben, den Deckel auflegen und die Muscheln 3–4 Minuten schwenken, bis sich die Schalen öffnen. Geöffnete Muscheln sofort mithilfe eines Schaumlöffels herausheben, sonst werden sie zäh – manche benötigen eine längere Garzeit als andere. Die Muscheln in ein Sieb geben, das auf einer Schüssel steht, dabei alle Muscheln aussortieren, die noch geschlossen sind. Das Muschelfleisch aus den Schalen auslösen, dabei jede einzelne Muschel prüfen und eventuell noch am Fleisch anhaftende Bartfäden (Byssusfäden) entfernen. Die Garflüssigkeit durch ein feines Sieb in eine Schüssel abseihen, den letzten Rest Sand im Topf zurücklassen. Beiseitestellen.

3 Den Geflügelfond, die Sahne, den Safran und 50 ml des gefilterten Garsuds in einen Topf geben. Bei niedriger Temperatur um die Hälfte reduzieren. Mit Pfeffer abschmecken, beiseitestellen.

4 In einem Topf mit schwerem Boden die Butter mit dem Olivenöl erhitzen. Lauch und Möhre hineingeben, den Deckel auflegen und 6–8 Minuten garen, bis das Gemüse gerade eben weich ist.

5 Den Backofen auf 200 °C vorheizen.

6 Die Lauch-Möhren-Mischung und die Muscheln auf vier Auflaufförmchen mit 150 ml Fassungsvermögen verteilen (meine haben einen Durchmesser von 9 cm). Mit der abgekühlten Sauce übergießen.

7 Mit einem runden Ausstecher 4 Kreise von 12 cm Durchmesser aus dem Blätterteig ausstechen und die Förmchen damit bedecken, rundum fest andrücken. Aus Teigresten vier Muschelformen ausstechen und die Oberseiten damit garnieren. Die Förmchen auf ein Backblech stellen, den Teig mit Eigelb bestreichen und jeweils ein kleines Loch in den Teigdeckel stechen, damit der Dampf entweichen kann. Etwa 12 Minuten backen, bis der Blätterteig schön goldbraun und knusprig ist, dann servieren.

Für 4 Personen als Vorspeise oder kleine Mahlzeit

Croque monsieur
SCHINKEN-KÄSE-TOAST

Haben Sie gewusst, dass Sie einen *croque madame* erhalten, wenn Sie dieses Sandwich mit einem Spiegelei garnieren? Da das Gericht so einfach ist, liegt der Schlüssel zum Erfolg in der Verwendung allerbester Zutaten. Was bedeutet: gutes Weißbrot, gekochter Hinterschinken und Gruyère von bester Qualität. Mit Formvorderschinken, abgepacktem Billigkäse und vorgeschnittenem Brot aus dem Supermarkt wird es nicht funktionieren.

4 Scheiben gekochter Hinterschinken
300 g Gruyère am Stück
3 Eigelb
100 g Sahne
Frisch gemahlener schwarzer Pfeffer
8 Scheiben Weißbrot
40 g weiche Butter
Blattsalat zum Servieren (nach Belieben)

1 Den Backofengrill vorheizen. Ein Backblech mit Backpapier auslegen.

2 Die Schinkenscheiben in der Größe der Brotscheiben zurechtschneiden. 200 g Gruyère in dünne Scheiben schneiden und diese ebenfalls in der Größe der Brotscheiben zurechtschneiden. Den restlichen Käse reiben und mit den Eigelben und der Sahne in einer Schüssel vermischen, dann mit Pfeffer würzen.

3 Alle Brotscheiben von einer Seite mit Butter bestreichen. Vier Scheiben mit der gebutterten Seite nach unten auf das vorbereitete Backblech setzen. Mit 1 Scheibe Gruyère, dann mit 1 Scheibe Schinken und schließlich mit 1 weiteren Scheibe Gruyère belegen. Mit den restlichen Brotscheiben bedecken und diese mit der Ei-Käse-Masse bestreichen. Unter dem Grill goldbraun überbacken, bis die Masse Bläschen wirft. Sofort servieren, nach Belieben mit einem grünen Salat.

Für 4 Personen

Fond blanc de volaille
HELLER GEFLÜGELFOND

1 kg Hühnerknochen, gründlich abgespült
1 Möhre, gewürfelt
1 Zwiebel, gewürfelt
1 kleine Stange Lauch, nur der weiße Teil, gewürfelt
1 Stange Sellerie, gewürfelt
1 Knoblauchzehe
1 Bouquet garni (siehe Seite 202)

Die Hühnerknochen mit 3 l Wasser in einen großen Topf geben. Bei mittlerer Temperatur zum Kochen bringen, dabei aufsteigenden Schaum abschöpfen. Möhre, Zwiebel, Lauch, Sellerie, Knoblauch und Bouquet garni hinzufügen und erneut zum Kochen bringen. Bei niedriger Temperatur 3 Stunden köcheln lassen, regelmäßig abschäumen.

Den Fond durch ein feines Sieb in eine große Schüssel abseihen, im Sieb verbliebene feste Bestandteile wegwerfen. (Nicht ausdrücken, damit der Fond möglichst klar bleibt.) Den Fond auf Raumtemperatur abkühlen lassen, dann kalt stellen. Das Fett verfestigt sich und setzt sich an der Oberfläche ab, sodass es leicht entfernt werden kann; das Fett wegwerfen. Der Fond ist 1 Woche im Kühlschrank oder 3 Monate tiefgekühlt haltbar. (Am besten in Eiswürfelbehältern einfrieren, so kann man so viel oder wenig entnehmen, wie man gerade benötigt.)

Ergibt etwa 2 l

TIPPS UND TRICKS

Für eine wunderbar kräftige Sauce zu gebratenem Hähnchen den Fond nach dem Abseihen nicht entfetten. 750 ml abmessen, in einen Topf füllen und 20 Minuten bei mittlerer Temperatur auf die Hälfte einkochen lassen, dann aufschlagen, bis die Sauce emulgiert.

Eine Glace (oder ein Extrakt) sorgt bei Saucen für einen intensiven Aromakick. Dafür den Fond abseihen, in einen sauberen Topf gießen und auf ein Fünftel der ursprünglichen Menge einkochen lassen. Abkühlen lassen, in einem Eiswürfelbehälter einfrieren und innerhalb von 3 Monaten verbrauchen.

Fond brun de volaille
DUNKLER GEFLÜGELFOND

1 kg Hühnerknochen, gründlich abgespült
1 Möhre, gewürfelt
1 Zwiebel, gewürfelt
1 Stange Sellerie, gewürfelt
100 g Champignons, geviertelt
500 ml trockener Weißwein
1 Knoblauchzehe
1 Bouquet garni (siehe Seite 202)
2 Tomaten, halbiert

Den Backofen auf 200 °C vorheizen. Die Knochen in einen großen Bräter legen und 30 Minuten unter gelegentlichem Wenden rösten. Möhre, Zwiebel, Sellerie und Pilze hinzufügen, gründlich unterrühren und weitere 30 Minuten rösten, bis sich das Gemüse goldgelb gefärbt hat. Die Knochen und das Gemüse in einen großen Topf füllen, den Bräter ungespült beiseitestellen.

Den Bräter bei mittlerer Temperatur erhitzen. Den Wein hineingießen und mit einem Holzlöffel alles abschaben, was am Boden des Bräters angesetzt hat. Die Flüssigkeit über die Knochen gießen, dann 2½ l Wasser hinzufügen. Bei hoher Temperatur zum Kochen bringen, dabei aufsteigenden Schaum abschöpfen. Knoblauch, Bouquet garni und Tomaten hinzufügen und den Fond bei niedriger Temperatur 4 Stunden köcheln lassen, regelmäßig abschäumen.

Den Fond durch ein feines Sieb in eine große Schüssel abseihen, im Sieb verbliebene feste Bestandteile wegwerfen. (Nicht ausdrücken, damit der Fond möglichst klar bleibt.) Auf Raumtemperatur abkühlen lassen, dann kalt stellen. Das Fett verfestigt sich und setzt sich an der Oberfläche ab, sodass es leicht entfernt werden kann; das Fett wegwerfen. Der Fond ist 1 Woche im Kühlschrank oder 3 Monate tiefgekühlt haltbar. (Am besten in Eiswürfelbehältern einfrieren, so kann man so viel oder wenig entnehmen, wie man gerade benötigt.)

Ergibt etwa 1,7 l

Fond brun de veau
DUNKLER KALBSFOND

1 kg Kalbsknochen
1 Möhre, gewürfelt
1 Zwiebel, gewürfelt
1 Stange Sellerie, gewürfelt
100 g Champignons, geviertelt
500 ml trockener Rotwein
1 Knoblauchzehe
1 Bouquet garni (siehe Seite 202)
2 Tomaten, längs halbiert

Den Backofen auf 200 °C vorheizen. Die Knochen in einen großen Bräter legen und etwa 30 Minuten unter gelegentlichem Wenden rösten, bis sie gut gebräunt sind. Möhre, Zwiebel, Sellerie und Pilze hinzufügen, unterrühren und weitere 30 Minuten rösten, bis das Gemüse eine kräftige goldbraune Färbung angenommen hat. Die Knochen und das Gemüse in einen großen Topf füllen, den Bräter ungespült beiseitestellen.

Den Bräter bei mittlerer Temperatur erhitzen. Den Wein hineingießen und mit einem Holzlöffel alles abschaben, was am Boden des Bräters angesetzt hat. Die Flüssigkeit über die Knochen gießen, dann 2½ l Wasser hinzufügen. Bei hoher Temperatur zum Kochen bringen, dabei aufsteigenden Schaum abschöpfen. Knoblauch, Bouquet garni und Tomaten hinzufügen und den Fond bei niedriger Temperatur 4 Stunden köcheln lassen, regelmäßig abschäumen.

Den Fond durch ein feines Sieb in eine große Schüssel abseihen, im Sieb verbliebene feste Bestandteile wegwerfen. (Nicht ausdrücken, damit der Fond möglichst klar bleibt.) Auf Raumtemperatur abkühlen lassen, dann kalt stellen. Das Fett verfestigt sich und setzt sich an der Oberfläche ab, sodass es leicht entfernt werden kann; das Fett wegwerfen. Der Fond ist 1 Woche im Kühlschrank oder 3 Monate tiefgekühlt haltbar. (Am besten in Eiswürfelbehältern einfrieren, so kann man so viel oder wenig entnehmen, wie man gerade benötigt.)

Ergibt etwa 1,7 l

Fumet de poisson
FISCHFOND

1 kg Köpfe und Gräten von weißfleischigen Fischen, gesäubert und abgespült
100 ml trockener Weißwein
1 Zwiebel, gewürfelt
1 kleine Stange Lauch, nur der weiße Teil, gewürfelt
1 kleine Fenchelknolle, gewürfelt
1 Knoblauchzehe
1 Bouquet garni (siehe Seite 202)

Die Fischköpfe mit den Gräten und dem Wein in einen großen Topf füllen und bei hoher Temperatur aufkochen. 3 l Wasser zugießen und wieder zum Kochen bringen. Die Temperatur verringern, dann Zwiebel, Lauch, Fenchel, Knoblauch und Bouquet garni in den Topf geben und den Fond 20 Minuten köcheln lassen, dabei regelmäßig abschäumen, dann vom Herd nehmen. Den Fond durch ein feines Sieb in eine Schüssel abseihen, die festen Bestandteile wegwerfen. (Nicht ausdrücken, damit der Fond möglichst klar bleibt.) Der Fond ist 1 Woche im Kühlschrank oder 3 Monate tiefgekühlt haltbar.

Ergibt 2,7 l

Nage de légumes
GEMÜSEFOND

2 Stangen Sellerie, gewürfelt
2 Stangen Lauch, nur der weiße Teil, gewürfelt
2 Möhren, gewürfelt
1 Zwiebel, gewürfelt
2 Knoblauchzehen
500 ml trockener Weißwein
1 Bouquet garni (siehe Seite 202)

Alle Zutaten in einen Topf füllen, 2 l Wasser dazugeben und zum Kochen bringen, aufsteigenden Schaum abschöpfen. Den Fond bei niedriger Temperatur 2 Stunden köcheln lassen, gelegentlich abschäumen. Den Fond durch ein feines Sieb in eine Schüssel abseihen. Die im Sieb verbliebenen festen Bestandteile wegwerfen. (Das Gemüse nicht ausdrücken, damit der Fond möglichst klar bleibt.) Der Fond ist 1 Woche im Kühlschrank oder 3 Monate tiefgekühlt haltbar.

Ergibt etwa 1,25 l

Soupe vichyssoise
LAUCH-KARTOFFEL-SUPPE

Ein echter Klassiker und – in meinen Augen – die wohl beste Suppe der Welt. Jeder liebt sie. Außerdem ist sie auch noch so vielseitig: Man kann sie im Sommer kalt und im Winter heiß genießen. Falls Sie die Vichyssoise noch etwas aufpeppen möchten, könnten Sie Sahne mit etwas Austernwasser verrühren, steif schlagen und auf der Suppe schwimmen lassen. Herrlich!

50 g Butter
300 g mehligkochende Kartoffeln, geschält, halbiert und in dünne Scheiben gehobelt
2 Stangen Lauch (etwa 500 g), nur der weiße Teil, halbiert, gut abgespült und in dünne Ringe geschnitten
1 Zweig Thymian
1 Lorbeerblatt
100 g Crème fraîche, plus Crème fraîche zum Servieren
Meersalz und frisch gemahlener weißer Pfeffer
Fein gehackter Schnittlauch (nach Belieben) und knuspriges Brot zum Servieren

1 In einem Topf mit schwerem Boden bei niedriger Temperatur die Butter zerlassen. Sobald sie zu schäumen beginnt, die Kartoffelscheiben darin 5 Minuten anschwitzen – sie sollen keine Farbe annehmen. Den Lauch hinzufügen und 3 Minuten mitgaren, bis er gerade eben zusammenfällt. Dann 1 l Wasser in den Topf gießen und bei hoher Temperatur zum Kochen bringen. Den Thymian und das Lorbeerblatt dazugeben. Etwa 20 Minuten köcheln lassen, bis die Kartoffeln gar sind (durch Einstechen mit einem Messer prüfen). Thymian und Lorbeerblatt herausnehmen.

2 Die Suppe im Mixer pürieren. Im Mixbehälter etwas abkühlen lassen. Die Crème fraîche hinzufügen und erneut pürieren, bis sich die Zutaten vollständig miteinander verbunden haben. Die Suppe mit Salz und Pfeffer abschmecken und warm servieren oder kalt stellen, bis sie gut durchgekühlt ist.

3 Zum Servieren die Suppe auf tiefe Teller verteilen und (falls verwendet) mit Schnittlauch garnieren. Mit knusprigem Brot anrichten und mit einem Klecks Crème fraîche krönen.

Für 4 Personen

Crème de champignons
CHAMPIGNONCREMESUPPE

Eine dieser schlichten winterlichen Suppen, die mit einem Stück knusprigem Brot einfach perfekt sind. Suppen auf Gemüsebasis sollten in der Regel nur etwa 20 Minuten auf dem Herd stehen – längere Garzeiten schaden dem Aroma des Gemüses.

20 g Butter
2 Schalotten, fein gehackt
500 g Champignons, mit Küchenpapier abgerieben
100 ml trockener Weißwein
1 l heller Geflügelfond (siehe Seite 48)
100 g Crème fraîche
Meersalz und frisch gemahlener schwarzer Pfeffer
Natives Olivenöl extra zum Beträufeln (nach Belieben)

1 In einem Topf mit schwerem Boden bei niedriger Temperatur die Butter zerlassen. Sobald sie zu schäumen beginnt, die Schalotten hineingeben und 4–5 Minuten unter Rühren anschwitzen, bis sie weich sind, jedoch keine Farbe angenommen haben. Die Pilze hinzufügen und 5 Minuten unter Rühren mitgaren.

2 Auf hohe Temperatur einstellen, den Wein in den Topf gießen und etwa 5 Minuten um die Hälfte einkochen lassen. Den Fond hinzufügen, zum Kochen bringen, dann bei niedriger Temperatur 20 Minuten köcheln lassen.

3 Die Suppe im Mixer fein pürieren, dann die Crème fraîche unterrühren, mit Salz und Pfeffer abschmecken. Nach Belieben mit Olivenöl beträufeln und servieren.

Für 4 Personen

Velouté d'asperges
SPARGELCREMESUPPE

Ein besonders bei den Damen beliebtes Süppchen – vor allem, wenn die Herren die Zubereitung übernehmen. Aus Spargel lässt sich eine Suppe zaubern, die elegant, seidig und einfach sexy ist. Wenn Sie möchten, können Sie hier auch nur die Spargelstangen verwenden und die Spitzen für einen Salat aufheben oder mit einer Sauce hollandaise (siehe Seite 97) genießen. Das nenne ich zwei Fliegen mit einer Klappe schlagen!

500 g weißer oder grüner Spargel, ungeschält, in 3 cm lange Stücke geschnitten
1 mehligkochende Kartoffel (etwa 200 g), in 3 cm große Stücke geschnitten
1,5 l heller Geflügelfond (siehe Seite 48)
200 g Sahne
Meersalz und frisch gemahlener schwarzer Pfeffer
Knuspriges Brot zum Servieren (nach Belieben)

1 Den Spargel mit der Kartoffel und dem Fond in einen Topf geben und bei mittlerer Temperatur zum Kochen bringen. Auf niedrige Temperatur einstellen und etwa 20 Minuten köcheln lassen, bis die Kartoffel gar ist.

2 Die Suppe im Mixer fein pürieren. Durch ein feines Sieb in einen sauberen Topf passieren, dabei den Siebinhalt mit einer Schöpfkelle ausdrücken, um möglichst viel Flüssigkeit zu gewinnen. Etwa 15 Minuten bei niedriger Temperatur um ein Drittel einköcheln lassen. Die Sahne zugießen und die Suppe mit Salz und Pfeffer abschmecken. Weitere 3–4 Minuten köcheln lassen, bis sie leicht eingedickt ist. Nach Belieben mit etwas mehr Pfeffer würzen und, falls gewünscht, mit knusprigem Brot servieren.

Für 4 Personen

Crème de chou-fleur de maman
DIE BLUMENKOHLSUPPE MEINER MUTTER

Blumenkohlsuppe weckt bei mir immer lebhafte Kindheitserinnerungen – meine Mutter stellte uns die Suppenschüsseln vor die Nase und wir holten erst wieder Luft, wenn alles bis auf den letzten Tropfen verspeist war. Ich mag Blumenkohl aber nicht nur als Suppe, und jedes Mal, wenn ich ihn esse, zaubert er ein Lächeln auf meine Lippen. Denn er erinnert mich an meine Mutter.

40 g Butter
1 kleiner Blumenkohl (etwa 1 kg), in Röschen geteilt, Strunk entfernt
1 l heller Geflügelfond (siehe Seite 48)
100 g Crème fraîche
Meersalz und frisch gemahlener schwarzer Pfeffer

1. In einem Topf mit schwerem Boden bei mittlerer Temperatur die Butter zerlassen. Sobald sie zu schäumen beginnt, den Blumenkohl hineingeben und 3–4 Minuten unter Rühren anschwitzen, jedoch keine Farbe annehmen lassen. Den Fond in den Topf gießen, zum Kochen bringen, dann bei niedriger Temperatur etwa 20 Minuten köcheln lassen, bis der Blumenkohl weich ist.
2. Im Mixer fein pürieren, dann die Crème fraîche unterrühren. Die Suppe mit Salz und Pfeffer abschmecken und servieren.

Für 4 Personen

Crème de petits pois
ERBSENSUPPE

Ich finde, in diesem Rezept spricht nichts gegen die Verwendung von Tiefkühlerbsen. Erbsen zählen zu den wenigen Gemüsen, die das Einfrieren ohne Qualitätseinbuße überstehen. Sie werden unmittelbar nach der Ernte gefrostet, damit ihre Süße erhalten bleibt. Zur Suppe passt sehr gut ein bisschen knusprig gebratener Speck, falls Sie gerade welchen im Haus haben. Das Räucheraroma, verbunden mit einer salzigen Note, erweitert ihr Geschmacksspektrum.

50 ml Olivenöl
1 Zwiebel, fein gehackt
1 Knoblauchzehe, fein gehackt
1 l heller Geflügelfond (siehe Seite 48)
800 g tiefgekühlte Erbsen
100 g Crème fraîche
¼ Tasse gehackte krause Petersilie
Meersalz und frisch gemahlener schwarzer Pfeffer
Croûtons (siehe Seite 94) und gewürfelter, knusprig gebratener Speck zum Servieren (nach Belieben)

1 Das Olivenöl in einem Topf mit schwerem Boden bei niedriger Temperatur erhitzen. Die Zwiebel und den Knoblauch hineingeben und 5–6 Minuten unter Rühren anschwitzen, bis sie weich, jedoch nicht gebräunt sind.

2 Den Fond in den Topf gießen und aufkochen. Die Erbsen hinzufügen und 10 Minuten köcheln lassen. Die Suppe im Mixer fein pürieren, durch ein feines Sieb in einen sauberen Topf passieren, dabei die Rückstände im Sieb mit einer Schöpfkelle gut ausdrücken, um möglichst viel Aroma zu extrahieren. Die Crème fraîche und die Petersilie unterrühren und die Suppe abschmecken. Falls gewünscht, zum Servieren mit Croûtons und Speckwürfeln garnieren.

Für 4 Personen

Crème de céleri
SELLERIECREMESUPPE

Und noch eine wunderbare Wintersuppe. Sellerie besitzt einen wirklich wunderbaren Geschmack und harmoniert perfekt mit Kartoffeln, die der Suppe eine angenehm cremige Konsistenz geben. Crème fraîche verleiht der Suppe eine typisch nordfranzösische Note und eignet sich hier meines Erachtens viel besser zum Verfeinern als süße Sahne. Sie bringt eine säuerliche Komponente mit, die erfrischender und »lebendiger« schmeckt als herkömmliche Sahne; probieren Sie es aus – ich denke, Sie werden mir zustimmen.

15 g Butter
1 Sellerieknolle (etwa 300 g), geschält und in 3 cm große Würfel geschnitten
300 g mehligkochende Kartoffeln, geschält und in 3 cm große Stücke geschnitten
1 l heller Geflügelfond (siehe Seite 48)
100 g Crème fraîche
1 Prise frisch geriebene Muskatnuss
Meersalz und frisch gemahlener weißer Pfeffer

1 In einem Topf mit schwerem Boden bei milder Hitze die Butter zerlassen. Sobald sie zu schäumen beginnt, Sellerie- und Kartoffelwürfel hineingeben, 1–2 Minuten umrühren, dann den Fond zugießen. Bei hoher Temperatur zum Kochen bringen, dann auf milde Hitze einstellen und etwa 20 Minuten köcheln lassen, bis das Gemüse gar ist.

2 Die Suppe im Mixer fein pürieren. Die Crème fraîche hinzufügen, die Suppe mit Muskat, Salz und Pfeffer abschmecken und servieren.

Für 4 Personen

Soupe à l'oignon
FRANZÖSISCHE ZWIEBELSUPPE

In Frankreich isst man diese Suppe traditionell gegen drei Uhr morgens, nach einer großen Hochzeitsfeier oder einem Dorffest. Nachdem sich alle beim Feiern, Trinken und Tanzen verausgabt haben, sorgt die Suppe für einen willkommenen Energieschub. Zwiebelsuppe ist sättigend und nahrhaft genug für eine vollwertige Mahlzeit – damit sie wirklich gut schmeckt, muss man jedoch unbedingt einen selbst gekochten Fond verwenden.

100 g Butter, in kleine Stücke geschnitten
5 Zwiebeln (etwa 750 g), halbiert und in dünne Scheiben geschnitten
30 g Weizenmehl
1,5 l heller Geflügelfond (siehe Seite 48)
Meersalz und frisch gemahlener schwarzer Pfeffer
Krause Petersilie, gehackt, zum Servieren (nach Belieben)
4 Scheiben Baguette
100 g Gruyère (oder Comté oder Emmentaler), gerieben

1 In einem großen Topf mit schwerem Boden bei niedriger Temperatur die Butter erhitzen. Sobald sie zu schäumen beginnt, die Zwiebeln hineingeben und etwa 30 Minuten braten, bis sie goldgelb sind, dabei regelmäßig umrühren. (Die Zwiebeln beim Anbraten gut im Auge behalten, da sie schnell am Topfboden ansetzen und anbrennen.) Falls die Zwiebeln anzusetzen beginnen, den Topf vom Herd nehmen, den Deckel auflegen und 5 Minuten ruhen lassen. Der dabei entstehende Dampf wird die angesetzten Zwiebeln lösen; Sie können nun mit dem Anbraten fortfahren.

2 Die Zwiebeln mit dem Mehl bestäuben und unter Rühren noch 2 Minuten weitergaren. Den Fond in den Topf gießen und zum Kochen bringen, den Deckel auflegen und die Suppe 15 Minuten köcheln lassen, dabei regelmäßig umrühren. Mit Salz und Pfeffer abschmecken, dann vom Herd nehmen und (falls verwendet) die Petersilie unterrühren.

3 In der Zwischenzeit den Backofengrill auf hoher Stufe vorheizen und das Brot auf einer Seite rösten.

4 Vier ofenfeste Suppentassen auf ein Backblech stellen und mit heißer Suppe füllen, dabei einen Rand von 2 cm frei lassen. In jede Suppentasse eine Scheibe Brot mit der gerösteten Seite nach unten legen, dann das Brot mit dem geriebenen Käse bestreuen. 3–4 Minuten unter dem heißen Grill gratinieren, bis der Käse geschmolzen ist und eine goldgelbe Färbung angenommen hat. Sofort servieren.

Für 4 Personen

Soupe aux lentilles et au bacon
LINSENSUPPE MIT SPECK

Normalerweise verwende ich für diese Suppe die Schwarte von einer Schweinshachse, die ihr ein schönes, kräftiges Aroma verleiht. Sie können jedoch der Einfachheit halber auch Speck nehmen. Eine ähnliche Suppe erhalten Sie, wenn Sie Reste von der gepökelten Schweinshachse mit grünen Linsen von Seite 135 mit etwas Sahne pürieren. Machen Sie doch einfach ein bisschen mehr davon und zaubern Sie aus dem, was übrig bleibt, eine gute Suppe. Einfacher geht's nicht!

130 g grüne Linsen (etwa Puy-Linsen)
100 g durchwachsener Speck am Stück mit Schwarte
1½ EL Pflanzenöl
20 g Butter
2 Schalotten, fein gehackt
1 Knoblauchzehe, fein gehackt
1 l heller Geflügelfond (siehe Seite 48)
Meersalz und frisch gemahlener schwarzer Pfeffer
Glatte Petersilie, streifig geschnitten, und natives Olivenöl extra zum Servieren

1 Die Linsen 4 Stunden in kaltem Wasser einweichen, dann abtropfen lassen.

2 Die Schwarte in einem Stück vom Speck abtrennen, dabei eine dünne Schicht Speck an der Schwarte belassen; den Speck anderweitig verwenden.

3 Das Öl in einem Topf mit schwerem Boden bei mittlerer Temperatur erhitzen. Die Butter zugeben und sobald sie zu schäumen beginnt, die Schalotten und den Knoblauch darin 4–5 Minuten unter Rühren anschwitzen, bis sie glasig sind. Die abgetropften Linsen und die Speckschwarte zugeben und 1–2 Minuten umrühren. Den Fond in den Topf gießen und bei hoher Temperatur zum Kochen bringen. Bei milder Hitze etwa 45 Minuten köcheln lassen, bis die Linsen weich sind.

4 Die Speckschwarte herausnehmen und wegwerfen. Die Hälfte der Suppe im Mixer fein pürieren, zurück in den Topf geben, gut durchrühren und alles mit Salz und Pfeffer abschmecken.

5 Zum Servieren die Suppe in Schalen schöpfen, mit der Petersilie bestreuen und mit etwas Olivenöl beträufeln.

Für 4 Personen

Potage cressonnière
BRUNNENKRESSESUPPE

Suppe aus Brunnenkresse liebe ich sehr. Die intensiv grüne Farbe sieht herrlich aus, außerdem ist die Suppe auch noch richtig gesund – sozusagen eine Vitaminkur aus der Suppenschüssel. Wie alle meine Suppen ist auch diese total einfach und schnell gemacht. Sie kann, je nach Jahreszeit, heiß oder kalt serviert werden.

50 g Butter
300 g mehligkochende Kartoffeln, geschält und in Scheiben geschnitten
1 l heller Geflügelfond (siehe Seite 48)
2 Bund Brunnenkresse (à etwa 180 g), verlesen, gewaschen und grob gehackt
100 g Crème fraîche
Meersalz und frisch gemahlener weißer Pfeffer
Brunnenkresse zum Servieren (nach Belieben)

1 In einem Topf mit schwerem Boden bei niedriger Temperatur die Butter zerlassen. Sobald sie zu schäumen beginnt, die Kartoffeln hineingeben und unter Rühren 5 Minuten anschwitzen – sie sollen jedoch keine Farbe annehmen. Den Fond zugießen, dann bei mittlerer Temperatur zum Kochen bringen. Etwa 15 Minuten bei milder Hitze köcheln lassen, bis die Kartoffeln gar sind. Die Brunnenkresse hinzufügen und weitere 2 Minuten garen.

2 Die Suppe im Mixer fein pürieren. Die Crème fraîche unterrühren, mit Salz und Pfeffer abschmecken.

3 Zum Servieren die Suppe in Schalen schöpfen und, falls gewünscht, mit etwas Brunnenkresse garnieren.

Für 4 Personen

MEERES-FRÜCHTE & FISCH

Moules marinière
MUSCHELN IN WEISSWEIN

Dieses Gericht ist zwar in ganz Frankreich beliebt, es handelt sich dabei jedoch um ein traditionelles Rezept aus der Bretagne, mit dem ich aufgewachsen bin. Das Tolle daran ist, dass man einen Riesentopf davon kocht und ihn einfach mitten auf den Esstisch stellt, wo sich dann jeder selbst bedient. Jeder haut rein, und wenn die Muscheln verspeist sind, ist da noch dieser fantastische Sud, den man mit Brot auftunken kann – mmmh. Beim Einkauf von Muscheln sollten Sie darauf achten, dass die Schalen fest geschlossen sind. Geöffnete Schalen sind ein Zeichen dafür, dass die Muscheln nicht mehr zu den frischesten gehören.

2 kg Miesmuscheln, abgebürstet und entbartet
200 ml trockener Weißwein
2 Schalotten, in dünne Scheiben geschnitten
2 Knoblauchzehen, zerdrückt
2 Zweige Thymian
1 Lorbeerblatt
5 schwarze Pfefferkörner
200 g Sahne
½ Tasse gehackte glatte Petersilie
Frisch gemahlener schwarzer Pfeffer
Knuspriges Brot zum Servieren

1 Bereits offene oder beschädigte Muscheln wegwerfen. Den Wein mit den Schalotten, dem Knoblauch, dem Thymian, dem Lorbeerblatt und den Pfefferkörnern in einen großen Topf geben und bei hoher Temperatur erhitzen. Zum Kochen bringen und 2 Minuten sprudelnd kochen lassen. Dann 1 kg Muscheln hineingeben, den Deckel auflegen und die Muscheln 3–4 Minuten unter Rütteln erhitzen, bis sich die Schalen öffnen. Geöffnete Muscheln sofort mit einer Küchenzange oder einem Schaumlöffel herausnehmen, sonst werden sie zäh (manche brauchen etwas länger als andere). Die Muscheln in ein Sieb geben, das auf einer Schüssel steht. Die restlichen Muscheln auf dieselbe Weise garen. Am Ende noch geschlossene Muscheln wegwerfen und die übrigen auf Bartreste hin untersuchen, die eventuell noch am Muschelfleisch haften, und diese entfernen. Die Muscheln in eine vorgewärmte Servierschüssel füllen.

2 Den Muschelgarsud durch ein feines Sieb in eine Schüssel abseihen, den letzten Rest im Topf zurücklassen (da er Sand und Verunreinigungen enthält). Den Sud probieren – falls er zu salzig schmeckt, sollte er mit etwas Wasser verdünnt werden.

3 250 ml vom Muschelgarsud in einen kleinen Topf füllen und bei mittlerer Temperatur zum Kochen bringen. Die Sahne zugießen, aufkochen, vom Herd nehmen, die Petersilie unterrühren und die Sauce mit Pfeffer abschmecken. Die Muscheln mit der Sauce übergießen, sofort servieren. Dazu reichlich knuspriges Brot reichen.

Für 4 Personen

Mouclade
MUSCHELN IN SAFRANSAUCE

Die Edelversion der *moules marinière* auf Seite 66. Die Muscheln kommen hier in den Schalenhälften auf den Tisch. Die Sauce wird mit Eigelb und Sahne gebunden, was nicht schwierig ist, das Gericht jedoch in eine andere Dimension hebt. Die Muscheln entweder auf Portionstellern anrichten und Besteck dazulegen oder etwas weniger förmlich auf eine große Platte türmen und in die Mitte des Tischs stellen, sodass sich jeder seine Muscheln mit den Fingern nehmen und nach Austernart hinunterschlürfen kann. Raten Sie mal, wie ich sie esse!

2 kg kleine Miesmuscheln, abgebürstet und entbartet
250 ml trockener Weißwein (oder Bier oder Cidre)
1 Lorbeerblatt
30 g Butter
1 Zwiebel, fein gehackt
1 Knoblauchzehe, fein gehackt
1 Prise Safranfäden
Saft von ½ Zitrone
Frisch gemahlener schwarzer Pfeffer
2 Eigelb
250 g Crème fraîche
Glatte Petersilie, gehackt, zum Servieren

1   Bereits offene oder beschädigte Muscheln wegwerfen.

2   In einem großen Topf den Wein mit dem Lorbeerblatt bei hoher Temperatur zum Kochen bringen. 1 kg Muscheln hineingeben, den Deckel auflegen und die Muscheln 2–3 Minuten unter Rütteln garen, bis sich die Schalen öffnen. Geöffnete Muscheln sofort mit einer Küchenzange oder einem Schaumlöffel aus dem Topf nehmen, sonst werden sie zäh (manche brauchen etwas länger als andere). Die fertigen Muscheln in ein Sieb geben, das auf einer Schüssel steht. Die restlichen Muscheln auf dieselbe Weise garen. Am Ende noch geschlossene Muscheln wegwerfen und die übrigen auf Bartreste hin untersuchen, die eventuell noch am Muschelfleisch haften, und diese entfernen. Jeweils eine Schalenhälfte von den Muscheln entfernen.

3   Die Muscheln auf einer tiefen Servierplatte verteilen. Den Garsud durch ein feines Sieb in eine Schüssel abseihen, den letzten Rest im Topf zurücklassen (da er Sand und Verunreinigungen enthält). Den Sud probieren – ist er sehr salzig, mit etwas Wasser verdünnen.

4   In der Zwischenzeit in einem kleinen Topf bei niedriger Temperatur die Butter zerlassen. Die Zwiebel und den Knoblauch hineingeben und 6–8 Minuten unter Rühren anschwitzen, bis sie weich sind. Den Safran und den Zitronensaft hinzufügen und mit Pfeffer abschmecken. Den gefilterten Garsud zugießen, zum Kochen bringen und vom Herd nehmen.

5   In einer zweiten Schüssel die Eigelbe mit der Crème fraîche verquirlen. Die Eigelbmischung unter ständigem Schlagen mit dem Schneebesen in den Topf gießen, dann bei niedriger Temperatur so lange aufschlagen, bis die Sauce gerade eben heiß ist. Sie darf nicht mehr kochen.

6   Die Muscheln mit der Sauce übergießen, mit der Petersilie bestreuen und sofort zu Tisch bringen.

Für 6 Personen als Vorspeise oder für 4 Personen als Hauptgericht

Homard à l'armoricaine
HUMMER AUF BRETONISCHE ART

Ursprünglich wurde dieses Gericht nach Armor (wie das bretonische Küstengebiet genannt wird) als *homard à l'armoricaine* (Hummer auf bretonische Art) bezeichnet. Im Lauf der Zeit bürgerte sich eine falsche Aussprache ein, nach der das Gericht nun *homard à l'américaine* (Hummer auf amerikanische Art) hieß, was auch so blieb – seine Wurzeln hat es jedoch in der Bretagne. Was eigentlich auch vollkommen egal ist – dieser Hummer ist einfach nur köstlich, gleichgültig, wo er erfunden wurde.

Salz
2 lebende Hummer (à etwa 700 g)
500 ml Krebsbisque (siehe Seite 99)
Meersalz und frisch gemahlener schwarzer Pfeffer (nach Belieben)
20 g weiche Butter
Einige Stängel glatte Petersilie zum Servieren (nach Belieben)

1. In einem großen Topf 3 l Wasser mit 1 Handvoll Salz zum Kochen bringen (der Hummer nimmt nur so viel Salz wie nötig auf). Einen Hummer kopfüber ins sprudelnd kochende Wasser geben, 8–10 Minuten kochen lassen, dann herausheben und abkühlen lassen. Mit dem zweiten Hummer ebenso verfahren.

2. Die Körper durch Drehen vom Kopf abtrennen, dann den Rogen aus dem Kopf auslösen und in einer Schüssel beiseitestellen. Mithilfe eines großen scharfen Messers oder eines Küchenbeils die Köpfe grob hacken. Beine und Scheren vom Körper abdrehen. Die Scheren aufschlagen oder -knacken und das Fleisch möglichst im Ganzen herauslösen. Die Schwänze der Länge nach halbieren. Das Fleisch aus den Hummerschwänzen lösen und jede Hälfte in 5 Stücke schneiden. Die Schwanzpanzer säubern und beiseitelegen.

3. Die Bisque in einen Topf füllen und bei mittlerer Temperatur zum Kochen bringen. Dann bei milder Hitze 3 Minuten köcheln lassen. Falls nötig, mit Salz und Pfeffer abschmecken.

4. Mithilfe einer Gabel den Hummerrogen mit der Butter vermischen, dann zum Binden unter die Bisque schlagen.

5. Zum Servieren das Hummerfleisch in den gesäuberten Schwanzpanzern arrangieren und mit der Bisque übergießen, die Scheren dazulegen. Nach Belieben mit etwas Petersilie garnieren.

Für 4 Personen als Vorspeise

Choucroute de la mer
SAUERKRAUTPLATTE MIT MEERESFRÜCHTEN

Choucroute garnie ist ein deftiges Winteressen aus dem Elsass – ein Berg Sauerkraut mit verschiedenen Fleisch- und Wurstsorten. Ich bevorzuge diese Variante, hinter der die Idee steht, das Ganze durch die Verwendung von Meeresfrüchten anstelle von Fleisch leichter zu gestalten. Wenn ich das Gericht im *L'étoile* auf die Speisekarte setze, geht es weg wie warme Semmeln.

200 g kleine Kartoffeln, abgebürstet
Salz
200 ml trockener Weißwein
2 Schalotten, in dünne Scheiben geschnitten
2 Knoblauchzehen, zerdrückt
2 Zweige Thymian
2 Lorbeerblätter
10 schwarze Pfefferkörner
500 g Miesmuscheln, abgebürstet und entbartet
400 g Venusmuscheln, gewässert, abgetropft
2 Wacholderbeeren
350 g Sauerkraut
1 Tasse fein gehackte krause Petersilie
120 g Speck, in Streifen geschnitten
Meersalz und frisch gemahlener schwarzer Pfeffer
12 Jakobsmuscheln, ausgelöst
1½ EL Olivenöl
250 ml weiße Buttersauce (siehe Seite 96), erwärmt
Fein gehackter Kerbel zum Servieren

1 Die Kartoffeln in leicht gesalzenem Wasser 15 Minuten garen. Abtropfen lassen und – je nach Größe – halbieren oder vierteln.

2 Inzwischen den Wein mit den Schalotten, dem Knoblauch, dem Thymian, 1 Lorbeerblatt und 5 Pfefferkörnern in einem großen Topf bei starker Hitze zum Kochen bringen. 2 Minuten kochen lassen. Die Muscheln hineingeben, zudecken und 2–3 Minuten unter Rütteln kochen, bis sich die Schalen öffnen. Geöffnete Muscheln sofort mit einem Schaumlöffel herausheben, sonst werden sie zäh (manche brauchen etwas länger als andere). In ein Sieb geben, das auf einer Schüssel steht. Die Venusmuscheln in den Topf geben und zugedeckt 1–2 Minuten garen, bis sich die Schalen öffnen. Ebenfalls in das Sieb geben. Noch geschlossene Muscheln aussortieren. Das Muschelfleisch aus den Schalen lösen, dabei noch anhaftende Bartreste entfernen und wegwerfen.

3 Den Garsud durch ein feines Sieb in eine Schüssel abseihen, den letzten, sandigen Rest zurücklassen. Den Sud probieren und, falls er stark salzig schmecken sollte, mit Wasser verdünnen. 150 ml Garsud abmessen und mit den Wacholderbeeren, dem übrigen Lorbeerblatt und den restlichen Pfefferkörnern in einen kleinen Topf füllen. Zum Kochen bringen, dann das Sauerkraut hinzufügen. Bei aufgelegtem Deckel und niedriger Temperatur 5 Minuten unter gelegentlichem Rühren köcheln lassen. Das Lorbeerblatt und die Gewürze entfernen, die Petersilie unterrühren. Weitere 150 ml Garsud abmessen und in einen breiten Topf gießen. Die Kartoffeln, das Muschelfleisch und den Speck hinzufügen. Zum Kochen bringen, dann bei niedriger Temperatur 2–3 Minuten erhitzen.

4 Die Jakobsmuscheln leicht würzen. Das Olivenöl in einer großen Pfanne bei hoher Temperatur erhitzen. Die Jakobsmuscheln auf jeder Seite 40 Sekunden goldgelb anbraten, aus der Pfanne nehmen.

5 Zum Servieren jeweils ein Viertel des Sauerkrauts mittig in vier Suppenschalen platzieren. Mit einem Schaumlöffel die Muschelmischung und die Jakobsmuscheln gleichmäßig auf dem Sauerkraut verteilen. Mit der warmen Buttersauce beträufeln, mit Kerbel bestreuen und sofort servieren.

Für 4 Personen

Maquereaux à l'escabèche
MARINIERTE MAKRELEN

Meiner Meinung nach ist die Makrele ein viel zu wenig beachteter Fisch. Sie ist preiswert und besitzt eine wunderbare Konsistenz, ähnlich wie Thunfisch. Tatsächlich ist die Makrele mit dem Thunfisch verwandt, und ich kann einfach nicht verstehen, wieso sie nicht öfter auf den Teller kommt. *Escabeche* stammt ursprünglich aus Spanien. Die Makrelen schmecken köstlich mit warmem Kartoffelsalat, wie zum Beispiel dem auf Seite 16.

8 Makrelenfilets (à etwa 85 g) mit Haut
Meersalz
50 ml Olivenöl
5 Schalotten, in dünne Ringe geschnitten
2 Knoblauchzehen, in dünne Scheiben geschnitten
1 kleine Möhre, in dünne Scheiben geschnitten
1 Zweig Thymian
1 frisches Lorbeerblatt
250 ml trockener Weißwein
5 schwarze Pfefferkörner
250 ml Sherryessig
1 Prise Cayennepfeffer oder Piment d'Espelette (siehe Seite 202)
4 Basilikumblätter
1 Zitrone, filetiert (siehe Seite 202), die Filets in kleine Stücke geschnitten
Knuspriges Brot zum Servieren

1 Die Fischfilets auf beiden Seiten salzen. Das Olivenöl bei niedriger Temperatur in einer großen Pfanne erhitzen und 4 Makrelenfilets mit der Hautseite nach unten 20 Sekunden darin anbraten, dann wenden und weitere 10 Sekunden auf der anderen Seite braten. Aus der Pfanne nehmen und mit der Hautseite nach oben auf einen Gitterrost legen. Die restlichen Makrelenfilets auf dieselbe Weise anbraten.

2 Die Schalotten und den Knoblauch in die Pfanne geben und 3–4 Minuten unter Rühren anschwitzen, bis sie weich sind, jedoch keine Farbe angenommen haben. Die Möhre, den Thymian, das Lorbeerblatt sowie den Wein hinzufügen. Zum Kochen bringen und köcheln lassen, bis der Wein um die Hälfte reduziert ist. Die Pfefferkörner, den Essig, den Cayennepfeffer und das Basilikum zugeben. Weitere 5 Minuten köcheln lassen, dann vom Herd nehmen.

3 Die Makrelenfilets mit der Hautseite nach oben in eine Keramikform legen, die gerade groß genug ist, um alle in einer Lage aufzunehmen. Mit der heißen Essigmischung übergießen, mit Frischhaltefolie abdecken und auf Raumtemperatur abkühlen lassen. 24 Stunden kalt stellen.

4 Zum Servieren die marinierten Makrelen 30 Minuten vor dem Verzehr aus dem Kühlschrank nehmen, damit sie Raumtemperatur annehmen können. Mit den Zitronenstückchen bestreuen und mit reichlich knusprigem Brot servieren.

Für 4 Personen als Vorspeise

Bouillabaisse
FISCHSUPPE AUS MARSEILLE

Dies ist meine Version des Klassikers, den ich sehr liebe und absolut köstlich finde! Schließen Sie beim Probieren die Augen, so können Sie sich besser auf die einzelnen Zutaten konzentrieren und sie herausschmecken: Safran, Tomate, Kräuter, Orange und natürlich all die wunderbaren Meeresfrüchte. Hummer, Taschenkrebse oder Kaisergranat werden in einem großen Topf mit sprudelnd kochendem Wasser getötet, dann in Portionsstücke zerteilt und in der Suppe fertig gegart.

100 ml Olivenöl
1 große Zwiebel, in Scheiben geschnitten
1 Lauchstange, nur der weiße Teil, geputzt, gewaschen und in Ringe geschnitten
1 Fenchelknolle, geputzt, in Scheiben geschnitten
½ Knolle Knoblauch, quer halbiert
1 Dose Tomatenstücke (à 400 g)
1½ EL Tomatenmark
2½ TL Kreuzkümmelsamen
3 Sternanis
3 Zweige Thymian
1 Lorbeerblatt
2 TL schwarze Pfefferkörner
Fein abgeriebene Schale von ½ Bio-Orange

2 Blaukrabben, gesäubert und in 8 Teile geschnitten (siehe Seite 202)
5 kg Gräten und Köpfe von weißfleischigen Fischen (Drachenkopf, Steinbeißer, Knurrhahn, Petersfisch), in Stücke gehackt
750 ml trockener Weißwein
24 kleine Kartoffeln
1 gehäufter TL Safranfäden
Meersalz und Cayennepfeffer
1,2 kg Filet von weißfleischigen Fischen (siehe oben), Hummer, Taschenkrebse und Muscheln
1 Rezeptmenge Knoblauchmayonnaise mit gerösteter Paprika (siehe Seite 27)
Petersilie und geröstetes Baguette zum Servieren

1 Das Olivenöl in einem großen Topf bei mittlerer Temperatur erhitzen. Zwiebel, Lauch, Fenchel und Knoblauch darin unter häufigem Rühren 6–8 Minuten anschwitzen. Auf starke Hitze einstellen, dann Tomatenstücke, Tomatenmark, Kreuzkümmel, Sternanis, Thymian, Lorbeer, Pfefferkörner und Orangenschale hinzufügen und alles 5–6 Minuten unter Rühren köcheln lassen.

2 Die Krabben zugeben und 5 Minuten mitgaren, dabei weiterrühren. Die Fischgräten und -köpfe hinzufügen und weitere 5 Minuten garen. Den Wein in den Topf gießen, zum Kochen bringen und 10–12 Minuten köcheln lassen, bis die Hälfte verdampft ist. 2 l Wasser hinzufügen, die Flüssigkeit wieder zum Kochen bringen und bei niedriger Temperatur 1 Stunde köcheln lassen. Inzwischen die Kartoffeln etwa 15 Minuten dämpfen, bis sie gar sind, dann pellen.

3 Die Krabben, Fischgräten und -köpfe in ein Sieb geben, das auf einer Schüssel steht. Den aufgefangenen Sud zurück in den Topf gießen. Die Krabbenschalen in einem robusten Mixer (oder mithilfe eines Rollholzes) möglichst stark zerkleinern; je kleiner die Teile sind, desto mehr Aroma wird freigesetzt. Die Krabbenschalen und die Fischgräten und -köpfe zurück in den Topf geben, gut vermischen, dann durch ein feines Sieb in einen sauberen Topf passieren, dabei mit einer Schöpfkelle kräftig ausdrücken, um möglichst viel Flüssigkeit und Aroma zu gewinnen. Die festen Bestandteile wegwerfen.

4 Die Suppe mit Safran, Salz und Cayennepfeffer würzen. (Mit dem Salz großzügig umgehen, da die Suppe mehr benötigt als gedacht; bei zu wenig Salz fehlt der Suppe das typische kräftige Aroma.) Bei mittlerer Temperatur zum Köcheln bringen. Fischfilets, vorgegarte Krustentiere und Kartoffeln hinzufügen und 5–8 Minuten erhitzen, bis die Meeresfrüchte gerade eben gar sind.

5 Zum Servieren die Meeresfrüchte, den Fisch und die Kartoffeln auf große Suppenschalen verteilen. 60 ml der Knoblauchmayonnaise unter die heiße Suppe rühren, dann die Suppe in die Schalen schöpfen und mit gehackter Petersilie bestreuen. Mit der restlichen Mayonnaise und dem Baguette servieren.

Für 8 Personen

Boudin de Saint-Jacques et bisque de crustacés
BOUDIN VON DER JAKOBSMUSCHEL MIT KRUSTENTIERSAUCE

Dies ist meine Spezialität, auch »Manus Würstchen« genannt. Eine *boudin blanc* besteht eigentlich aus fein zerkleinertem Kalbfleisch oder Geflügel. Ich verwende hier Fisch und Jakobsmuscheln. Die »Würstchen« sind einfach herzustellen, der einzige Teil, der ein wenig technisches Verständnis erfordert, ist das Formen. Anstelle von Fisch mit weißem Fleisch können Sie auch Lachs verwenden.

250 g Filet von weißfleischigem Fisch, Haut und Gräten entfernt
90 g Eiweiß (3 Eiweiß von Eiern der Gewichtsklasse M)
250 g ausgelöste Jakobsmuscheln, ohne den Rogen, fein gehackt
2 EL fein gehackter Schnittlauch
300 g Sahne
Salz
500 g junge Spinatblätter
1 Rezeptmenge Krebsbisque (siehe Seite 99)
50 g kalte Butter, in kleine Stücke geschnitten
Meersalz und frisch gemahlener schwarzer Pfeffer
Meerforellenrogen und Kerbelblättchen zum Servieren

1. Das Fischfilet in der Küchenmaschine fein pürieren. Die Eiweiße hinzufügen und weiterpürieren, bis die Masse geschmeidig ist. In eine große Schüssel füllen. Jakobsmuscheln und Schnittlauch unterziehen, dann unter ständigem Rühren die Sahne zugießen und nach Geschmack salzen. Mit Frischhaltefolie abdecken und 30 Minuten kalt stellen.

2. Die Arbeitsfläche anfeuchten und ein Stück Frischhaltefolie darauf ausbreiten (das Anfeuchten verhindert das Verrutschen). 100 g Jakobsmuschelmischung als Strang mittig auf der Folie platzieren, dann die Folie darüber zusammenschlagen und eine etwa 10 cm lange Wurst formen. Die Folie an beiden Enden verdrillen, die Enden verknoten. Auf diese Weise aus der Masse insgesamt acht Würstchen herstellen.

3. In einem breiten Topf Wasser erhitzen, bis es fast köchelt (ein Küchenthermometer sollte 90 °C anzeigen). Die Boudins hineinlegen und 10 Minuten pochieren; dabei darf das Wasser auf keinen Fall kochen, sonst zerfällt die Masse. Die Würstchen aus dem Topf heben und 2–3 Minuten ruhen lassen. Die Folie an den Enden aufschneiden, die Würstchen auswickeln, mit einem sauberen Küchentuch trocken tupfen.

4. Inzwischen den Spinat in kochendem Wasser 1 Minute blanchieren, dann abtropfen lassen und überschüssige Flüssigkeit ausdrücken.

5. Kurz vor dem Servieren die Krebsbisque erhitzen. Die Butter unterschlagen, die Sauce abschmecken.

6. Die Krebsbisque auf acht Teller verteilen und den Spinat als Streifen darauf anrichten. Je eine Boudin auf den Spinat legen. Mit einem Löffelchen Meerforellenrogen und Kerbel garnieren, dann servieren.

Für 8 Personen als Vorspeise

Truites aux amandes
REGENBOGENFORELLE MIT MANDELBUTTER

Noch ein absolutes Lieblingsgericht der französischen Küche. Falls Sie keine ganzen Fische zubereiten möchten, nehmen Sie einfach Fischfilets (vergessen Sie aber nicht, auch die kleinen Gräten zu entfernen). So oder so: Sie dürfen auf keinen Fall die Haut entfernen – gerade die superknusprige Konsistenz, die Fischhaut und Mandelblättchen annehmen, wenn sie gebraten werden, macht dieses einfache Gericht so unwiderstehlich.

2 Regenbogenforellen (à etwa 300 g), ausgenommen und geschuppt
Meersalz und frisch gemahlener schwarzer Pfeffer
1 ½ EL Pflanzenöl
80 g Butter, in kleine Stücke geschnitten
60 g Mandelblättchen, geröstet (siehe Seite 209)
Saft von 1 kleinen Zitrone
Glatte Petersilie, fein gehackt, zum Servieren

1. Die Forellen abspülen und mit Küchenpapier trocken tupfen. Von außen (beide Seiten) und innen mit Salz und Pfeffer würzen.

2. In einer großen Pfanne mit schwerem Boden bei mittlerer Temperatur das Öl und 20 g Butter erhitzen. Sobald die Butter zu schäumen beginnt, die Fische hineinlegen und auf jeder Seite 3 Minuten braten, bis sie außen goldgelb, innen jedoch noch leicht rosa sind. Falls die Butter zu verbrennen droht, die Temperatur verringern. Die Fische auf vorgewärmte Teller legen und die Pfanne zurück auf den Herd stellen.

3. Die restliche Butter in die Pfanne geben und bei niedriger Temperatur zerlassen. Sobald die Butter aufschäumt, die Mandelblättchen mit dem Zitronensaft und der Petersilie hineingeben. Abschmecken, den Fisch damit übergießen (oder die Forellen zurück in die Pfanne legen, siehe Foto) und sofort servieren.

Für 2 Personen als Hauptgericht

Saumon à l'oseille
LACHS MIT SAUERAMPFERSAUCE

In Frankreich gilt Lachs mit Sauerampfer als klassische Kombination – Sauerampfer besitzt eine herrliche, erfrischende Zitrusnote, die das perfekte Gegengewicht zum fettreichen Lachs bildet. Dieses Gericht ist elegant, aber extrem schnell zubereitet. Ich empfehle als Beilage meinen Zucchiniflan (siehe Seite 143).

4 Lachsfilets (à etwa 200 g) mit Haut, Gräten entfernt
50 ml Olivenöl
Zucchiniflan (siehe Seite 143) zum Servieren (nach Belieben)

Für die Sauerampfersauce
2 Schalotten, fein gehackt
150 ml trockener Weißwein
1½ EL Wermut (Noilly Prat oder Martini bianco)
100 ml Fischfond (siehe Seite 49)
150 g Sahne oder Crème fraîche
90 g kalte Butter, in kleine Stücke geschnitten
1 Bund Sauerampfer, Stiele entfernt, Blätter streifig geschnitten
Meersalz und frisch gemahlener schwarzer Pfeffer
Zitronensaft nach Geschmack

1 Den Lachs aus dem Kühlschrank nehmen und Raumtemperatur annehmen lassen.

2 Inzwischen die Sauerampfersauce herstellen. Dazu in einem Topf die Schalotten mit dem Wein, dem Wermut und dem Fond bei mittlerer Temperatur zum Kochen bringen. 10–12 Minuten köcheln lassen, bis die Flüssigkeit um die Hälfte reduziert ist, dann die Sahne zugießen und 6–8 Minuten nochmals um die Hälfte einköcheln lassen. Bei milder Hitze die Butter stückchenweise unterschlagen, bis die Sauce eindickt und bindet. Den Sauerampfer hinzufügen, umrühren, bis er gerade eben zusammenfällt, dann den Topf vom Herd nehmen und die Sauce mit Salz, Pfeffer und einem Spritzer Zitronensaft abschmecken.

3 Das Olivenöl in einer großen Pfanne bei mittlerer Temperatur erhitzen. Den Lachs zuerst mit der Hautseite nach unten 4 Minuten anbraten, bis die Haut goldbraun und knusprig ist; die Filets dabei nicht bewegen, sonst könnte die Haut am Pfannenboden hängen bleiben und einreißen. Die Temperatur verringern, den Fisch wenden und weitere 2–3 Minuten braten. Er soll innen noch rosa sein. Aus der Pfanne nehmen und 5 Minuten ruhen lassen.

4 Zum Servieren die Lachsfilets auf vorgewärmte Teller legen, mit der Sauerampfersauce übergießen und mit etwas schwarzem Pfeffer übermahlen. Dazu passt ein Zucchiniflan.

Für 4 Personen als Hauptgericht

Daurade en croûte de sel
GOLDBRASSE IN DER SALZKRUSTE

Dies ist die einfachste Methode, einen Fisch zu garen. Die Salzkruste bildet eine Art Miniofen um den Fisch herum, der die gesamte Feuchtigkeit im Innern einschließt, was Ihnen den saftigsten Fisch Ihres Lebens bescheren wird. Wichtig: den Fisch nicht schuppen, da sich die Salzkruste sonst mit der Haut verbindet und der Fisch zu viel Salz abbekommt. Und denken Sie daran: Die Salzkruste taugt nur zum Garen, keinesfalls zum Essen!

4 Zweige Thymian
4 frische Lorbeerblätter
1 kleine Zitrone, in dünne Scheiben geschnitten
1 Goldbrasse (à etwa 2 kg), mit unbeschädigtem Schuppenkleid, ausgenommen
    (Sie können Ihren Fischhändler bitten, das für Sie zu erledigen.)
Frisch gemahlener schwarzer Pfeffer
1,5 kg Salz
6 Eiweiß

1   Den Backofen auf 200 °C vorheizen.

2   Thymian, Lorbeerblätter und Zitronenscheiben in die Bauchhöhle des Fischs legen, die Bauchhöhle mit Pfeffer würzen.

3   Das Salz mit den Eiweißen in eine große Schüssel füllen und mit einem Schneebesen gründlich vermischen. Auf einem Backblech eine 1 cm dicke Salz-Eiweiß-Schicht aufstreichen, die sich an der Form des Fischs orientieren sollte. Den Fisch darauflegen, dann die Oberfläche und die Seiten mit der restlichen Salz-Eiweiß-Mischung bedecken, sodass der Fisch vollständig von der Salzmischung umhüllt ist. Die Goldbrasse 45 Minuten im Ofen backen, dann herausnehmen. Das Salz sollte sich währenddessen in eine harte goldene Kruste verwandelt haben.

4   Zum Servieren die Salzkruste am Tisch vor den Augen der Gäste aufbrechen. (Die Salzkruste ist nicht zum Verzehr geeignet, sie wird lediglich zum Garen verwendet.)

Für 4 Personen als Hauptgericht

Carbonara de truite de mer fumée
NUDELN MIT GERÄUCHERTER MEERFORELLE

Dieses Rezept stammt von meiner Mutter: Die Forelle nimmt hier den Platz des sonst üblichen Specks ein. Verwenden Sie jedoch unbedingt ein Stück Fisch aus einer ganzen kalt geräucherten Seite und keine vorgeschnittenen Scheiben, da diese schnell übergaren, auseinanderfallen und zerkochen. Die Fischstücke sollten noch leicht glasig und gerade eben erwärmt sein.

400 g frische Bandnudeln
Salz
2 TL natives Olivenöl extra
200 g geräucherte Meerforelle oder Räucherlachs (am Stück),
    in 3 × 1 cm große Streifen geschnitten
100 ml Fischfond (siehe Seite 49)
2–3 EL Zitronensaft
150 g Sauerrahm
Meersalz und frisch gemahlener schwarzer Pfeffer
1 Eigelb
Fein gehackter Schnittlauch zum Servieren

1. Die Nudeln in einem großen Topf mit leicht gesalzenem kochendem Wasser 2–3 Minuten garen, dann in ein Sieb abgießen.

2. In der Zwischenzeit in einer großen Pfanne das Olivenöl bei niedriger Temperatur erhitzen. Die Forellenstreifen hineingeben und 1 Minute garen, dann den Fond, den Zitronensaft und den Sauerrahm hinzufügen. Mit Salz und Pfeffer würzen und zum Köcheln bringen.

3. Die abgetropften Nudeln in die Pfanne geben und vorsichtig mit der Sauce vermischen. Das Eigelb und den Schnittlauch unterrühren, abschmecken und sofort servieren.

Für 4 Personen

Sole meunière
SEEZUNGE MIT ZITRONENBUTTER

Ich LIEBE Seezunge – sie gehört zu meinen bevorzugten Fischen. Besonders mag ich die knusprige Haut. Da das Fleisch nicht von Gräten durchzogen ist, eignet sich der Plattfisch bestens für Kinder, die gut mit dem Fisch auf dem Teller zurechtkommen. Bei der Zubereitung kann gar nichts schiefgehen – der Fisch schreit förmlich danach, im Ganzen gebraten zu werden. Dazu eine einfache Zitronenbutter: Wolke 7!

2 Seezungen (à etwa 300 g), ausgenommen
Meersalz und frisch gemahlener schwarzer Pfeffer
1 ½ EL Pflanzenöl
150 g Butter, in kleine Stücke geschnitten
Saft von ½ Zitrone
¼ Tasse gehackte glatte Petersilie
1 Zitrone, halbiert

1. Den Backofen auf 180 °C vorheizen.
2. Die Seezungen enthäuten und von beiden Seiten mit Salz und Pfeffer würzen.
3. Das Öl und 20 g Butter in einer großen ofenfesten Pfanne bei mittlerer bis hoher Temperatur erhitzen. Sobald die Butter zu schäumen beginnt, die Fische 4–5 Minuten goldgelb braten. Wenden, dann die Pfanne in den Ofen stellen und die Fische noch etwa 5 Minuten gerade eben gar braten.
4. Zum Servieren die Fische auf eine Servierplatte legen. Die Pfanne bei hoher Temperatur auf den Herd stellen, die restliche Butter hineingeben und die Pfanne schwenken, bis die Butter aufschäumt. Einen großzügigen Spritzer Zitronensaft und die Petersilie zugeben und abschmecken, dann den Fisch damit übergießen. Mit Zitronenhälften anrichten.

Für 2 Personen als Hauptgericht

Merlan en papillote et légumes parfumés à l'estragon
WITTLING MIT ESTRAGON-GEMÜSE IN DER FOLIE

Das Wunderbare an diesem Gericht ist, dass man genau weiß, wann man es aus dem Ofen holen muss: Wenn sich das Folienpäckchen kräftig aufgeplustert hat, ist der Fisch gar. Und wenn Sie dann das Päckchen bei Tisch öffnen, entströmt das konzentrierte Aroma, das darin eingeschlossen war.

1 EL Olivenöl, plus Olivenöl zum Beträufeln
2 Möhren, in Juliennesstreifen geschnitten (siehe Seite 202)
2 Stangen Lauch, in Juliennesstreifen geschnitten (siehe Seite 202)
¼ Tasse Estragon, grob gehackt
Meersalz und frisch gemahlener schwarzer Pfeffer
8 Wittlingfilets (Merlan), mit Haut, Gräten entfernt
100 g Butter, in kleine Stücke geschnitten
1 Zitrone, in dünne Scheiben geschnitten
125 ml trockener Weißwein

1. Das Olivenöl in einer großen Pfanne bei mittlerer Temperatur erhitzen. Die Möhren- und die Lauchstreifen hineingeben und 6–8 Minuten unter Rühren anbraten, bis sie gerade eben weich geworden sind. Den Großteil des Estragons unterrühren und mit Salz und Pfeffer würzen. Vom Herd nehmen und zum Abkühlen beiseitestellen.

2. Den Backofen auf 180 °C vorheizen.

3. Vier 50 cm lange Stücke extradicke Aluminiumfolie mit der glänzenden Seite nach unten auf der Arbeitsfläche ausbreiten und jeweils mit einem Stück Backpapier belegen. Das Backpapier mit Olivenöl beträufeln, darauf die Möhren-Lauch-Mischung verteilen. Je 2 Fischfilets mit der Hautseite nach unten auf dem Gemüse platzieren, jede Portion mit 25 g Butter und einigen Zitronenscheiben belegen. Mit Salz und Pfeffer würzen und mit dem restlichen Estragon bestreuen. Die Alufolie über der Füllung zusammennehmen, dann die Seiten umschlagen, damit diese gut verschlossen sind – wie bei einem Briefumschlag. Jeweils ein Viertel der Weinmenge in die Umschläge gießen, dann die Folie vollständig verschließen, sodass Fisch und Gemüse darin eingeschlossen sind.

4. Die Päckchen auf ein Backblech legen und etwa 15 Minuten backen, bis sie sich aufblähen und der Fisch gar ist. Servieren.

Für 4 Personen als Hauptgericht

Brandade de morue
KLIPPFISCH-KARTOFFEL-PÜREE

Sie können für dieses Rezept Klippfisch (eingesalzenen getrockneten Kabeljau) verwenden oder frischen Fisch. Im Restaurant nehme ich die anfallenden Fischabschnitte und packe sie mit etwas frischem Thymian und Lorbeerblättern in Salz, lasse sie dann 24 Stunden im Kühlschrank marinieren, spüle den Fisch ab und benutze ihn für dieses Rezept. Sie müssen keine Fischabschnitte zum Einsalzen nehmen, Sie können auch Filets verwenden, wenn Sie möchten. Für welche Art gesalzenen Fisch Sie sich auch entscheiden, Ihre Brandade wird so oder so köstlich schmecken.

500 g Klippfisch, 24 Stunden in Wasser eingeweicht, dabei sechsmal das Wasser wechseln
1 Zweig Thymian
1 Lorbeerblatt
1 l Milch
400 g mehligkochende Kartoffeln, geschält und halbiert
5 Knoblauchzehen, geschält
250 g Sahne
100 ml Olivenöl, plus Olivenöl zum Beträufeln
2 EL fein gehackter Dill
Meersalz und frisch gemahlener weißer Pfeffer
1 Prise Cayennepfeffer
Zitronensaft zum Abschmecken
100 g grobe Semmelbrösel aus altbackenen Brötchen

1. Den Klippfisch abspülen, abtropfen lassen und in 5 cm große Stücke schneiden. Mit dem Thymian, dem Lorbeerblatt sowie 500 ml Milch in einen Topf geben und bei mittlerer Temperatur zum Kochen bringen, dann bei milder Hitze 10 Minuten gar ziehen lassen. Vom Herd nehmen, den Kabeljau abgießen; Milch und Gewürze werden nicht mehr benötigt. Sobald der Fisch so weit abgekühlt ist, dass man ihn anfassen kann, die Haut und die Gräten entfernen und wegwerfen, den Fisch beiseitestellen.

2. Inzwischen die Kartoffeln mit der restlichen Milch, den Knoblauchzehen und der Sahne bei mittlerer Temperatur zum Kochen bringen, dann bei milder Hitze etwa 20 Minuten köcheln lassen, bis die Kartoffeln gar sind. Kartoffeln und Knoblauch in ein Sieb abgießen, das auf einer Schüssel steht; die Garflüssigkeit auffangen.

3. Den Backofen auf 200 °C vorheizen.

4. Kartoffeln, Knoblauch und Fisch in die Rührschüssel der Küchenmaschine geben. Bei laufendem Motor das Olivenöl nach und nach zugießen, dann die aufbewahrte Garflüssigkeit bis auf 125 ml hinzufügen und alles zu einer geschmeidigen Masse verarbeiten. Sollte die Masse etwas zu fest sein, noch etwas Garflüssigkeit unterrühren. Den Dill zugeben, die Brandade mit Salz, Pfeffer, Cayennepfeffer und Zitronensaft abschmecken.

5. Die Brandade in eine Auflaufform mit 1,25 l Fassungsvermögen füllen. Mit Semmelbröseln bestreuen, mit etwas Olivenöl beträufeln und im Ofen 10–15 Minuten goldgelb überbacken. Mit Raumtemperatur servieren.

Für 6–8 Personen als Vorspeise

Aile de raie aux câpres
ROCHEN MIT KAPERNBUTTER

Falls Sie Rochen bekommen können, bereiten Sie ihn doch mal auf diese Weise zu. Rochen ist ein herrlicher Fisch, der viel öfter verwendet werden sollte. Nach diesem Rezept zubereitet, gehört er zu meinen absoluten Lieblingsgerichten. Der Rochen muss enthäutet werden, was etwas knifflig werden kann, daher wäre es eine gute Idee, den Fischhändler freundlich um Hilfe zu bitten. Wichtig zu wissen: Bei Rochen handelt es sich um sehr empfindlichen Fisch, der sofort verbraucht werden muss.

4 Stücke Rochenflügel (à etwa 250 g), enthäutet
Meersalz und frisch gemahlener schwarzer Pfeffer
120 g Butter, in kleine Stücke geschnitten
Saft von 1 Zitrone
1 Tasse gehackte glatte Petersilie
40 g kleine in Salz eingelegte Kapern,
  gründlich abgespült und mit Küchenpapier trocken getupft

Court-Bouillon
1 kleine Zwiebel, in dünne Scheiben geschnitten
1 kleine Möhre, in dünne Scheiben geschnitten
2 TL Fenchelsamen
50 ml Weißweinessig
1½ TL schwarze Pfefferkörner
2 TL grobes Meersalz

1 Die Rochenflügel abspülen und mit Küchenpapier trocken tupfen.

2 Für die Court-Bouillon die Zwiebel mit der Möhre, den Fenchelsamen, dem Essig, den Pfefferkörnern und dem Salz in einen großen Topf geben. 3 l Wasser dazugießen und bei mittlerer Temperatur zum Kochen bringen. Vom Herd nehmen und 10 Minuten ruhen lassen.

3 Die Rochenflügel in die Court-Bouillon legen und 10 Minuten bei niedriger Temperatur gar ziehen lassen; die Flüssigkeit darf dabei nicht kochen. Den Fisch behutsam herausheben, mit Küchenpapier trocken tupfen und mit Salz und Pfeffer würzen.

4 In einer großen Pfanne bei mittlerer Temperatur 50 g Butter zerlassen. Sobald sie zu schäumen beginnt (ohne zu bräunen), den Rochen hineingeben und 3–4 Minuten anbraten, bis er auf beiden Seiten goldgelb ist. Den Fisch auf Teller legen, dann die restliche Butter in die Pfanne geben und bei niedriger Temperatur kurz aufschäumen lassen. Den Zitronensaft, die Petersilie und die Kapern hinzufügen und in der Pfanne schwenken, bis sich die Zutaten miteinander verbunden haben. Die Rochenflügel mit der Kapernbutter übergießen und sofort servieren.

Für 4 Personen als Hauptgericht

Cabillaud à la grenobloise
FISCHFILET MIT ZITRONEN-KAPERN-BUTTER UND CROÛTONS

Eine klassisch französische Kombination, für die man jeden Fisch mit festem weißem Fleisch nehmen kann – besonders gut eignen sich Kabeljau oder Petersfisch. Ein edles Hauptgericht zum Mittag- oder Abendessen, das im Handumdrehen fertig ist.

50 ml Olivenöl
4 Fischfilets mit Haut (etwa Kabeljau oder Petersfisch)
Meersalz und frisch gemahlener schwarzer Pfeffer
100 g Butter, in kleine Stücke geschnitten
1 Zitrone, filetiert (siehe Seite 202)
40 g in Salz eingelegte extrakleine Kapern (Nonpareilles, Surfines), abgespült
⅓ Tasse gehackte glatte Petersilie
Gemischter Blattsalat zum Servieren

Croûtons
2 EL Olivenöl
20 g Butter
4 Scheiben Weißbrot, Kruste entfernt, in 5 mm große Würfel geschnitten

1 Den Backofen auf 180 °C vorheizen.

2 Für die Croûtons das Olivenöl mit der Butter in einer großen ofenfesten Pfanne bei mittlerer Temperatur erhitzen. Die Brotwürfel hineingeben und 5–6 Minuten in der Pfanne schwenken, bis sie goldbraun und knusprig sind. Auf Küchenpapier abtropfen lassen. Die Pfanne ausreiben.

3 Das Olivenöl in die Pfanne geben und bei mittlerer Temperatur erhitzen. Den Fisch mit Salz und Pfeffer würzen und auf der Hautseite 4–5 Minuten goldgelb anbraten. Den Fisch wenden, dann in den Ofen stellen und 5 Minuten weitergaren. Aus der Pfanne nehmen und auf vorgewärmten Tellern anrichten.

4 Das in der Pfanne verbliebene Fett weggießen und die Pfanne bei niedriger Temperatur auf den Herd stellen. Die Butter hineingeben. Sobald sie zu schäumen beginnt, die Zitronenfilets, die Kapern, die Croûtons und die Petersilie hinzufügen und alles gut vermischen.

5 Die Fischfilets mit der Sauce übergießen und sofort servieren. Dazu einen gemischten Blattsalat reichen.

Für 4 Personen als Hauptgericht

Sauce de beurre blanc
WEISSE BUTTERSAUCE

3 Schalotten, fein gehackt
60 ml trockener Weißwein
1½ EL Weißweinessig
1½ EL Sahne
250 g weiche Butter, in kleine Stücke geschnitten
Zitronensaft zum Abschmecken
Meersalz und frisch gemahlener weißer Pfeffer

Die Schalotten mit dem Wein und dem Essig in einen kleinen Topf geben und bei milder Hitze 4–5 Minuten kochen lassen, bis noch 1 EL Flüssigkeit übrig ist. Die Sahne unterrühren, dann auf niedrigste Temperatur einstellen.

Die Butter unter ständigem Schlagen stückchenweise zugeben, bis die Sauce bindet und cremig wird. Die Sauce darf jetzt auf keinen Fall mehr kochen, sonst setzt sich das Fett ab.

Die Sauce durch ein feines Sieb in eine Schüssel streichen, die im Sieb verbliebenen festen Bestandteile wegwerfen. Die Sauce mit Zitronensaft, Salz und Pfeffer abschmecken.

Sofort servieren oder in eine kleine Schüssel gießen, die Oberfläche mit einem passend zugeschnittenen Stück Backpapier bedecken und im Wasserbad bis zu 1 Stunde warm halten.

Ergibt etwa 250 ml

VARIANTE: ROTE BUTTERSAUCE

Die Buttersauce lässt sich einfach variieren, indem der Weißwein durch Rotwein und der Weißweinessig durch Rotweinessig ersetzt wird. Diese Version passt hervorragend zu Steaks oder auch zu mit Rindermark gefüllter Brioche.

Sauce béarnaise
BÉARNAISER SAUCE

250 g Butter, in kleine Stücke geschnitten
3 Schalotten, fein gehackt
60 ml trockener Weißwein
1½ EL Weißweinessig
1 TL getrockneter Estragon
1 TL grob zerstoßene schwarze Pfefferkörner
4 Eigelb
Meersalz
2 TL gehackter Estragon
2 TL gehackter Kerbel
Zitronensaft zum Abschmecken
Frisch gemahlener weißer Pfeffer

Die Butter in einem kleinen Topf bei niedriger Temperatur schmelzen, dann köcheln lassen, bis sich das Milcheiweiß absetzt und auf den Topfboden sinkt; darauf achten, dass die Butter nicht verbrennt. Die nun klare Butter abseihen und das Milcheiweiß wegwerfen. Auf diese Weise erhalten Sie geklärte Butter.

Inzwischen die Schalotten mit dem Wein, dem Essig, dem getrockneten Estragon und den Pfefferkörnern in einen kleinen Topf geben und 4–5 Minuten bei niedriger Temperatur einköcheln lassen, bis nur noch 1½ EL Flüssigkeit übrig sind. Durch ein feines Sieb in eine Schüssel abseihen und abkühlen lassen, die im Sieb verbliebenen festen Bestandteile wegwerfen.

Einen Topf zur Hälfte mit Wasser füllen und bei niedriger Temperatur sehr sanft köcheln lassen. Die Eigelbe mit der Weinreduktion und 1 Prise Salz in eine große hitzefeste Schüssel geben, die gut auf den Topf passt – der Schüsselboden darf nicht mit dem Wasser in Berührung kommen. 8–10 Minuten aufschlagen, bis die vom Schneebesen erzeugte Spur in der Sauce kurz sichtbar bleibt und die Sauce eine cremige Konsistenz angenommen hat. Die Eimasse nicht zu stark erhitzen, da sie sonst gerinnt.

Das Wasser aus dem Topf abgießen, die Schüssel zurück auf den Topf setzen (neben dem Herd) – dies hält die Schüssel stabil, während die geklärte Butter untergeschlagen wird. Die warme geklärte Butter in dünnem gleichmäßigem Strahl unter ständigem Schlagen zur Eimischung gießen. Den frischen Estragon und Kerbel unterrühren, die Sauce mit Zitronensaft, Salz und Pfeffer abschmecken.

Sofort servieren oder in eine kleine Schüssel gießen, die Oberfläche mit einem passend zugeschnittenen Stück Backpapier bedecken und die Sauce im Wasserbad bis zu 1 Stunde warm halten.

Ergibt etwa 400 ml

Sauce Choron
CHORON-SAUCE

250 g Butter, in kleine Stücke geschnitten
3 Schalotten, fein gehackt
60 ml trockener Weißwein
1½ EL Weißweinessig
1 TL getrockneter Estragon
1 TL grob zerstoßene schwarze Pfefferkörner
4 Eigelb
Meersalz
2 Tomaten, enthäutet, von den Samen befreit (siehe Seite 202) und fein gehackt
1 TL Tomatenmark
Zitronensaft zum Abschmecken
Frisch gemahlener weißer Pfeffer

Die Butter in einem kleinen Topf bei niedriger Temperatur schmelzen, dann köcheln lassen, bis sich das Milcheiweiß absetzt und auf den Topfboden sinkt; darauf achten, dass die Butter nicht verbrennt. Abseihen und das Milcheiweiß wegwerfen. Auf diese Weise erhalten Sie geklärte Butter.

Inzwischen die Schalotten mit dem Wein, dem Essig, dem getrockneten Estragon und den Pfefferkörnern in einen kleinen Topf geben und 4–5 Minuten bei niedriger Temperatur köcheln lassen, bis nur noch 1½ EL Flüssigkeit übrig sind. Durch ein feines Sieb in eine Schüssel abseihen und abkühlen lassen, die im Sieb verbliebenen festen Bestandteile wegwerfen.

Einen Topf zur Hälfte mit Wasser füllen und sehr sanft köcheln lassen. Die Eigelbe mit der Weinreduktion und einer Prise Salz in eine große hitzefeste Schüssel geben, die gut auf den Topf passt – der Schüsselboden darf nicht mit dem Wasser in Berührung kommen. 8–10 Minuten bei niedriger Temperatur aufschlagen, bis die vom Schneebesen erzeugte Spur in der Sauce kurz sichtbar bleibt und die Sauce eine cremige Konsistenz angenommen hat. Die Eimasse nicht zu stark erhitzen, da sie sonst gerinnt.

Das Wasser aus dem Topf abgießen, die Schüssel zurück auf den Topf setzen (neben dem Herd) – dies hält die Schüssel stabil, während die geklärte Butter untergeschlagen wird. Die warme geklärte Butter in dünnem gleichmäßigem Strahl unter ständigem Schlagen zur Eimischung gießen. Die gehackten Tomaten und das Tomatenmark unterrühren und die Sauce mit Zitronensaft, Salz und Pfeffer abschmecken.

Sofort servieren oder in eine kleine Schüssel gießen, die Oberfläche mit einem passend zugeschnittenen Stück Backpapier bedecken und im Wasserbad bis zu 1 Stunde warm halten.

Ergibt etwa 400 ml

Sauce hollandaise
HOLLÄNDISCHE SAUCE

250 g Butter, in kleine Stücke geschnitten
4 Eigelb
60 ml trockener Weißwein
Meersalz
Saft von ½ Zitrone
Frisch gemahlener weißer Pfeffer

Die Butter in einem kleinen Topf bei niedriger Temperatur schmelzen, dann köcheln lassen, bis sich das Milcheiweiß absetzt und zum Topfboden sinkt; darauf achten, dass die Butter nicht verbrennt. Die nun klare Butter abseihen und das Milcheiweiß wegwerfen. Auf diese Weise erhalten Sie geklärte Butter.

Einen Topf zur Hälfte mit Wasser füllen und sehr sanft köcheln lassen. Die Eigelbe mit der Weinreduktion und einer Prise Salz in eine große hitzefeste Schüssel geben, die gut auf den Topf passt – der Schüsselboden darf nicht mit dem Wasser in Berührung kommen. 8–10 Minuten aufschlagen, bis die vom Schneebesen erzeugte Spur in der Sauce kurz sichtbar bleibt und die Sauce eine cremige Konsistenz angenommen hat. Die Eimasse nicht zu stark erhitzen, da sie sonst gerinnt.

Das Wasser aus dem Topf abgießen, die Schüssel zurück auf den Topf stellen (neben dem Herd) – dies hält die Schüssel stabil, während die geklärte Butter untergeschlagen wird. Die warme geklärte Butter in dünnem gleichmäßigem Strahl unter ständigem Schlagen zur Eimischung gießen. Den Zitronensaft unterrühren und die Sauce mit Salz und Pfeffer abschmecken.

Sofort servieren oder in eine kleine Schüssel gießen, die Oberfläche mit einem passend zugeschnittenen Stück Backpapier bedecken und im Wasserbad bis zu 1 Stunde warm halten.

Ergibt etwa 400 ml

Sauce béchamel
BÉCHAMELSAUCE

1 l Milch
Meersalz und frisch gemahlener weißer Pfeffer
Muskatnuss, frisch gerieben
60 g Butter, in kleine Stücke geschnitten
60 g Weizenmehl

Die Milch in einen Topf füllen und mit Salz, Pfeffer und Muskat würzen. Zum Kochen bringen, dann beiseitestellen.

In einem zweiten Topf bei niedriger Temperatur die Butter zerlassen. Sobald sie zu schäumen beginnt, das Mehl zugeben und 2–3 Minuten unter Rühren anschwitzen, bis eine sandfarbene Mischung entstanden ist (die Mehlschwitze, auf Französisch *roux*). Vom Herd nehmen und 5 Minuten abkühlen lassen.

Nach und nach unter ständigem Schlagen die heiße Milch zu der Mehlschwitze gießen, dann den Topf zurück auf den Herd stellen. Bei mittlerer Temperatur rühren, bis die Sauce kocht und eindickt. Bei milder Hitze 20 Minuten köcheln lassen, dabei häufig umrühren, damit die Béchamelsauce nicht am Topfboden ansetzt. Durch ein feines Sieb in eine Schüssel streichen und mit Salz und Pfeffer abschmecken. Falls die Sauce für eine spätere Verwendung abkühlen soll, ein Stück Frischhaltefolie auf die Oberfläche legen.

Ergibt etwa 850 ml

Sauce bordelaise
BORDELAISER ROTWEINSAUCE

80 g Butter, in kleine Stücke geschnitten
8 Schalotten (etwa 200 g), fein gehackt
400 g Champignons, in Scheiben geschnitten
3 Zweige Thymian
1 Lorbeerblatt
3 Stängel Estragon
1 Sternanis
3 Wacholderbeeren
3 TL schwarze Pfefferkörner, grob zerstoßen
3 Knoblauchzehen, zerdrückt
2 breite Streifen Schale von 1 Bio-Orange,
    weiße Innenhaut entfernt
1 Tomate, gehackt
1,5 l Rotwein
50 ml Portwein
1½ EL Balsamico-Essig
1,5 l dunkler Kalbsfond (siehe Seite 49)
Meersalz und frisch gemahlener schwarzer Pfeffer

In einem großen Topf mit schwerem Boden bei mittlerer Temperatur 30 g Butter erhitzen. Sobald sie zu schäumen beginnt, die Schalotten hineingeben und unter Rühren 2–3 Minuten anschwitzen. Auf starke Hitze einstellen, dann die Pilze, den Thymian, das Lorbeerblatt, den Estragon, den Sternanis, die Wacholderbeeren, die Pfefferkörner, den Knoblauch und die Orangenschale hinzufügen und 6–8 Minuten unter Rühren braten, bis sich die Pilze goldbraun gefärbt haben. Auf niedrige Temperatur schalten, dann die Tomate zugeben und noch 5 Minuten weiterrühren.

Den Rotwein, den Portwein und den Essig in den Topf gießen und zum Kochen bringen. Etwa 15 Minuten um ein Drittel einkochen lassen, dann den Fond hinzufügen und weitere 30 Minuten köcheln lassen, bis die Flüssigkeit etwa um die Hälfte eingekocht ist.

Die Sauce durch ein feines Sieb in einen sauberen Topf abseihen, die im Sieb verbliebenen festen Bestandteile wegwerfen. Die Sauce bei mittlerer Temperatur 6–8 Minuten sanft köcheln lassen, bis sie leicht eindickt; nicht zu stark reduzieren, sonst wird der Geschmack zu intensiv. Bei niedriger Temperatur die restlichen 50 g Butter unterschlagen, die Sauce mit Salz und Pfeffer abschmecken.

Ergibt etwa 1 l

Bisque de crabe
KREBSBISQUE

1 kg Schwimmkrabben, in kochendem
  Wasser 2 Minuten gegart
50 ml Olivenöl
1 kleine Zwiebel, gehackt
1 kleine Fenchelknolle, geputzt und gehackt
2 Selleriestangen, gehackt
4 Schalotten, gehackt
8 Knoblauchzehen, gehackt
5 cm frischer Ingwer, gehackt
5 Flaschentomaten (Romatomaten), gehackt
50 ml Weinbrand
250 ml trockener Weißwein
1 EL Tomatenmark
2 Sternanis
5 schwarze Pfefferkörner
1 Prise Koriandersamen
1 Prise Fenchelsamen
3 Zweige Thymian
1 Lorbeerblatt
250 g Sahne
50 g kalte Butter, in kleine Stücke geschnitten
Meersalz und frisch gemahlener schwarzer Pfeffer

Je eine Krabbe mit dem Kopf nach unten halten, dann die Schwanzplatte (»Schürze«) anheben und ein kleines Messer unter den oberen Panzer einführen. Das Messer so bewegen, dass sich der obere Panzer lockert und entfernen lässt, dann die grauen Kiemen entfernen und wegwerfen. Den Corail nicht entfernen, da er sehr aromatisch ist. Mithilfe eines Küchenbeils oder eines großen scharfen Messers die Krabben in jeweils 8 Teile schneiden; kräftig auf die Scheren klopfen, damit der Panzer aufbricht. Beiseitestellen.

Das Olivenöl in einem großen Topf mit schwerem Boden bei hoher Temperatur erhitzen. Die Krabbenteile hineingeben und 6–8 Minuten anrösten, dabei häufig umrühren. Die Zwiebel, den Fenchel, den Sellerie, die Schalotten, den Knoblauch und den Ingwer hinzufügen und 8–10 Minuten unter Rühren anbraten, bis das Gemüse leicht angebräunt ist. Die Tomaten und den Weinbrand zugeben, um die Hälfte einkochen lassen. Den Wein zugießen und 5–6 Minuten kochen lassen, bis die Flüssigkeit erneut um die Hälfte reduziert ist, dann das Tomatenmark, den Sternanis, die Pfefferkörner, die Koriandersamen, die Fenchelsamen, den Thymian, das Lorbeerblatt sowie 2 l kaltes Wasser hinzufügen und zum Kochen bringen. Auf niedrige Temperatur einstellen und ohne Abschäumen 40 Minuten köcheln lassen.

Die Mischung durch ein Sieb in eine große Schüssel abseihen, die festen Bestandteile zurück in den Topf geben, die Flüssigkeit aufbewahren. Mit einem leistungsstarken Mixer (oder dem Ende eines Rollholzes) die Krabbenpanzer möglichst stark zerkleinern – je kleiner die Teile, desto mehr Aroma können sie abgeben. Den Fond zu den zerkleinerten Panzern geben, gut umrühren, dann die Mischung durch ein feines Sieb in eine große Schüssel abseihen, dabei mit der Unterseite einer Schöpfkelle möglichst viel Flüssigkeit und Aroma aus den festen Bestandteilen herauspressen. Die festen Bestandteile wegwerfen.

1 l Fond abmessen und in einen sauberen Topf gießen. Die Sahne hinzufügen und 15–20 Minuten bei niedriger Temperatur einköcheln lassen, bis die Bisque so weit eingedickt ist, dass sie den Rücken eines Holzlöffels deckend überzieht. Die Butter unter die heiße Bisque schlagen, dann mit Salz und Pfeffer abschmecken.

Ergibt etwa 1 l

Fleisch, Geflügel & Wild

Joues de bœuf bourguignon
OCHSENBÄCKCHEN AUF BURGUNDER ART

Die wunderbar durchwachsenen Ochsenbäckchen eignen sich perfekt zum Schmoren. Sie benötigen hier unbedingt einen Rotwein von guter Qualität – billiger »Kochwein« verändert den Geschmack ganz entscheidend, sodass das gesamte Gericht darunter leidet.

1 Zwiebel, grob gehackt
3 Schalotten, grob gehackt
2 Möhren, grob gehackt
2 Knoblauchzehen, zerdrückt
1 l Rotwein (vorzugsweise Pinot noir)
1 Zweig Thymian
1 Lorbeerblatt
1 TL schwarze Pfefferkörner
1,5 kg Ochsenbäckchen, pariert und halbiert
1½ EL Pflanzenöl
60 g Butter
Meersalz

20 g Weizenmehl
Glatte Petersilie, gehackt, zum Servieren

Garnitur
8 Perlzwiebeln, geschält, Wurzelenden intakt
1 kräftige Prise Zucker
30 g Butter
Meersalz und schwarzer Pfeffer
200 g durchwachsener Speck, in 3 × 1 cm große Streifen geschnitten
50 ml Pflanzenöl
400 g Champignons, trocken abgewischt

1. Die Zwiebel mit den Schalotten, den Möhren, dem Knoblauch, dem Rotwein, dem Thymian, dem Lorbeerblatt und den Pfefferkörnern in eine große Schüssel geben. Das Rindfleisch hineinlegen und alles gut vermischen. Mit Frischhaltefolie abgedeckt über Nacht kalt stellen.

2. Das Fleisch aus der Marinade nehmen und mit Küchenpapier gründlich trocken tupfen. Die Marinade durch ein feines Sieb in eine Schüssel abseihen, beiseitestellen. Gemüse und Kräuter aufbewahren.

3. Das Öl mit der Butter in einem gusseisernen Schmortopf erhitzen. Sobald die Butter aufschäumt, das Fleisch portionsweise 8–10 Minuten kräftig anbraten, dabei salzen. Das Fleisch beiseitestellen. Das aufbewahrte Gemüse und die Kräuter in den Bräter geben und 6–8 Minuten unter Rühren ringsum bei milder Hitze anbraten. Das Fleisch zurück in den Bräter geben, mit dem Mehl bestäuben und 1 Minute umrühren. Die beiseite gestellte Marinade zugießen, den Bratensatz lösen und die Flüssigkeit zum Kochen bringen. Zugedeckt 2–3 Stunden köcheln lassen, bis das Fleisch zart ist, dabei regelmäßig aufsteigenden Schaum entfernen. (Die genaue Garzeit ist von der Fleischqualität abhängig.)

4. Für die Garnitur die Zwiebeln mit dem Zucker, der Butter und je 1 Prise Salz und Pfeffer in einen Topf geben. So viel Wasser zugießen, dass die Zwiebeln zur Hälfte im Wasser liegen, den Deckel auflegen und 10 Minuten bei mittlerer Temperatur garen. Den Deckel abnehmen und weitere 5 Minuten köcheln lassen, bis das Wasser vollständig eingekocht ist und die Zwiebeln gar und leicht gebräunt sind. Beiseitestellen. Eine große Pfanne bei mittlerer Temperatur erhitzen. Den Speck darin 6–7 Minuten anbraten, herausnehmen und beiseitestellen. Das Öl in der Pfanne erhitzen, die Pilze hinzufügen, salzen und pfeffern. 5–6 Minuten unter Rühren braten, bis sie goldbraun sind.

5. Fleisch und Gemüse in ein Sieb abgießen, die Garflüssigkeit auffangen und durch ein feines Sieb in einen Topf abseihen. Das Fett von der Oberfläche der Sauce abschöpfen. Das Gemüse im Sieb wegwerfen. Das Fleisch, die glasierten Zwiebeln, die Pilze und den Speck zur Sauce geben und alles noch 15 Minuten bei milder Hitze köcheln lassen. Abschmecken und mit Petersilie bestreut servieren.

Für 4 Personen als Hauptgericht

Comment cuire un steak
WIE MAN EIN STEAK BRÄT

Sie wundern sich vielleicht, warum Sie hier ein detailliertes Rezept für die Zubereitung eines Steaks finden. Das liegt daran, dass oft die einfachsten Dinge gerade die sind, die man gar nicht so einfach hinbekommt, und dass ich immer wieder gefragt werde, woran man erkennen kann, dass ein Steak richtig gegart ist. Der Vorgang an sich ist nicht schwierig, Sie müssen jedoch konzentriert bei der Sache sein und ein paar einfache Regeln befolgen. Dann braten Sie bald Steaks wie ein Profi! Verwenden Sie kein Olivenöl zum Anbraten von Steaks, da es einen niedrigeren Rauchpunkt als andere Pflanzenöle besitzt. Traubenkernöl beispielsweise hat seinen Rauchpunkt bei 250 °C, während Olivenöl bereits bei 190 °C zu rauchen beginnt. Die Verwendung eines Öls mit höherem Rauchpunkt ermöglicht das deutlich stärkere Erhitzen der Pfanne.

4 Rindersteaks (à etwa 250 g)
2 EL Pflanzenöl
Fleur de sel (siehe Seite 202)
Frisch gemahlener schwarzer Pfeffer
30 g Butter

1. Die Steaks 30 Minuten vor der Zubereitung aus dem Kühlschrank nehmen. (Hat das Fleisch vor dem Anbraten Raumtemperatur angenommen, gart es gleichmäßiger als sehr kaltes Fleisch. Und falls Sie Ihr Steak blutig, *saignant,* oder stark blutig/blau, *bleu,* bevorzugen, ist das Steak nach dem Anbraten im Inneren nicht kalt.)

2. Das Öl in einer großen Pfanne mit schwerem Boden bei hoher Temperatur erhitzen. Die Steaks auf beiden Seiten mit reichlich Salz und Pfeffer würzen. Wenn das Öl heiß ist, den Herd auf niedrige Temperatur einstellen und die Butter zugeben. Sobald die Butter zu schäumen beginnt, die Steaks in die Pfanne legen. (Die Butter ist ein guter Indikator dafür, ob die richtige Temperatur erreicht ist: Falls die Butter nicht schäumt, wenn sie mit dem heißen Öl in Berührung kommt, bedeutet das, dass die Pfanne noch nicht heiß genug ist. Verbrennt sie, ist die Pfanne zu heiß. Die perfekte Temperatur liegt bei etwa 170–180 °C, wenn die Butter eine nussbraune Färbung annimmt.)

3. Auch wenn die folgenden Zeitangaben von der Dicke Ihres Steaks (und des Pfannenbodens) abhängig sind, gilt als grobe Richtlinie:

   - sehr blutig: 1–2 Minuten pro Seite
   - blutig: 3–4 Minuten pro Seite
   - halb durch: 5–6 Minuten pro Seite
   - durchgebraten: mehr als 6 Minuten pro Seite

4. Die Steaks während des Anbratens gelegentlich wenden und mit dem Bratfett übergießen. Die Steaks aus der Pfanne nehmen, auf einen Gitterrost legen, der auf einem Backblech im leicht vorgewärmten Ofen steht, und 5 Minuten ruhen lassen. (Dadurch »entspannt« sich das Fleisch und der Fleischsaft verteilt sich gleichmäßig. Es ist besser, ein Steak nach ausreichender Ruhezeit zu servieren, als eines, das direkt aus der Pfanne auf den Teller kommt.) Den beim Ruhen ausgetretenen Fleischsaft über das Fleisch träufeln, dann die Steaks servieren.

Für 4 Personen

Steak au roquefort
STEAK MIT ROQUEFORTSAUCE

Mein Vater hatte dieses Gericht auf der Speisekarte seines Restaurants, und ich war total süchtig danach. Dann habe ich es lange Zeit gar nicht mehr gegessen, bis ich eines Tages dachte, wie wäre es, wenn ich es probeweise auf meine Speisekarte setze? Ich hatte Bedenken, dass meine Gäste ein Steak mit Roquefortsauce etwas altmodisch finden könnten, aber sie liebten es! Man muss jedoch unbedingt Roquefort dafür verwenden – kommen Sie bloß nicht auf die Idee, einen anderen Blauschimmelkäse zu nehmen, denn das Ergebnis wird nicht das gleiche sein.

4 Filet- oder Hüftsteaks vom Rind (à etwa 250 g)
Meersalz und frisch gemahlener schwarzer Pfeffer
1 ½ EL Pflanzenöl
20 g Butter
3 Schalotten
1 Knoblauchzehe, fein gehackt
150 ml Weißwein
150 ml heller Geflügelfond (siehe Seite 48)
200 g Roquefort, zerkrümelt
100 g Sahne

1 Das Fleisch 30 Minuten vor der Zubereitung aus dem Kühlschrank nehmen.

2 Die Steaks mit Salz und Pfeffer würzen.

3 Das Öl in einer großen Pfanne mit schwerem Boden bei hoher Temperatur erhitzen. Wenn das Öl heiß ist, den Herd auf niedrige Temperatur einstellen und die Butter zugeben. Sobald die Butter zu schäumen beginnt, die Steaks in die Pfanne legen und pro Seite 3 Minuten oder bis zum gewünschten Gargrad anbraten. Die Steaks aus der Pfanne nehmen und 5 Minuten an einem warmen Ort ruhen lassen.

4 Die Schalotten und den Knoblauch in die Pfanne geben und 2–3 Minuten bei mittlerer Temperatur unter Rühren goldgelb anbraten. Den Wein zugießen, um die Hälfte einkochen. Dann den Fond hinzufügen und nochmals um die Hälfte reduzieren. Auf niedrige Temperatur einstellen, dann den Käse unterrühren. Die Sahne zugießen und köcheln lassen, bis die Sauce die gewünschte Konsistenz angenommen hat. Abschmecken, dann die Steaks zurück in die Pfanne legen, ausgetretenen Fleischsaft ebenfalls zugeben, das Fleisch in der Sauce wenden, sodass es ringsum bedeckt ist, und servieren.

Für 4 Personen als Hauptgericht

Steak au poivre
PFEFFERSTEAK

Selbst gemachter Fond macht hier den Unterschied. Und sparen Sie nicht am Cognac, um der Sauce das gewisse Etwas zu verleihen. Im Übrigen ist es besser, gar keinen Portwein zu verwenden als irgendeinen billigen – mit schlechtem Portwein schmeckt die Sauce einfach nur süß.

4 Filet- oder Hüftsteaks vom Rind (à etwa 250 g)
50 g schwarze Pfefferkörner, grob zerstoßen
1½ EL Pflanzenöl
Meersalz
60 g Butter, in kleine Stücke geschnitten
4 Schalotten, fein gehackt
1 Knoblauchzehe, fein gehackt
80 ml Cognac
80 ml Portwein
150 ml dunkler Kalbsfond (siehe Seite 49) oder Rinderfond
100 g Crème fraîche

1 Das Fleisch 30 Minuten vor der Zubereitung aus dem Kühlschrank nehmen.

2 Die Steaks im zerstoßenen schwarzen Pfeffer wenden.

3 Das Öl in einer großen Pfanne mit schwerem Boden bei hoher Temperatur erhitzen. Die Steaks auf beiden Seiten mit reichlich Salz würzen. Wenn das Öl heiß ist, den Herd auf niedrige Temperatur einstellen und die Butter zugeben. Sobald die Butter zu schäumen beginnt, die Steaks in die Pfanne legen und pro Seite 3 Minuten oder bis zum gewünschten Gargrad anbraten. Das Fleisch aus der Pfanne nehmen und 5 Minuten an einem warmen Ort ruhen lassen.

4 In der Zwischenzeit die Pfanne bei niedriger Temperatur zurück auf den Herd stellen. Die Schalotten und den Knoblauch hineingeben und 1 Minute unter Rühren goldgelb anbraten. Den Cognac zugießen, dann die Pfanne vorsichtig zur Seite neigen und den Alkohol entzünden. Wenn die Flammen erloschen sind, den Portwein hinzufügen und um die Hälfte einkochen lassen. Den Fond zugießen und die Sauce nochmals um die Hälfte einkochen lassen. Die Crème fraîche zugeben und reduzieren, bis die Sauce die Konsistenz von Sahne angenommen hat. Mit Salz abschmecken, dann die Steaks zurück in die Pfanne legen, ausgetretenen Fleischsaft ebenfalls zugeben. Das Fleisch in der Sauce wenden, sodass es ringsum bedeckt ist, 30 Sekunden erhitzen und servieren.

Für 4 Personen als Hauptgericht

Bavette à l'échalote
STEAK MIT SCHALOTTEN

Bavette wird in Frankreich gern zum Kurzbraten verwendet. Es besitzt eine festere Konsistenz als Filet- oder Rumpsteak, aber der Geschmack ist unvergleichlich. Ich habe lange gebraucht, um die Gäste in meinem Restaurant von seinen Vorzügen zu überzeugen: Es ist wirklich ein echtes Steak mit dem echten Geschmack!

4 Rindersteaks, aus dem Bauchlappen (Dünnung) geschnitten (à etwa 250 g)
70 g Butter, in kleine Stücke geschnitten
10 Schalotten, in dünne Scheiben geschnitten
50 ml trockener Weißwein
50 ml dunkler Kalbsfond (siehe Seite 49) oder Rinderfond
⅓ Tasse Blättchen von glatter Petersilie
Meersalz und frisch gemahlener schwarzer Pfeffer
50 ml Pflanzenöl

1 Die Steaks 30 Minuten vor der Zubereitung aus dem Kühlschrank nehmen.

2 50 g Butter in einem kleinen Topf mit schwerem Boden bei mittlerer Temperatur zerlassen. Die Schalotten hineingeben und 4–5 Minuten anbraten, bis sie weich sind. Falls die Butter aussieht, als ob sie gleich zu bräunen beginnt, die Hitze verringern. Den Wein und den Fond zugießen und bei niedriger Temperatur 5–6 Minuten köcheln lassen, bis die Mischung leicht eingedickt ist. Die Petersilie hinzufügen, den Topf vom Herd nehmen und warm stellen.

3 Die Steaks mit Salz und Pfeffer würzen. In einer großen Pfanne das Öl bei mittlerer bis hoher Temperatur erhitzen. Die Steaks 1–2 Minuten pro Seite anbraten, bis sie gerade eben angebräunt sind, dann auf niedrige Temperatur einstellen und die restliche Butter zugeben. Die Steaks weitere 2 Minuten braten, dann aus der Pfanne nehmen, auf einen Gitterrost legen, der auf einem Backblech steht, und im warmen Ofen 4 Minuten ruhen lassen.

4 Mit einem großen scharfen Messer die Steaks quer zur Faser (in einem Winkel von 90°) aufschneiden. Auf Teller verteilen, mit der Schalottensauce übergießen und servieren.

Für 4 Personen als Hauptgericht

Steak haché à cheval
HACKSTEAK MIT SPIEGELEI

Wie eine Frikadelle, nur viel feiner, da es aus reinem Rinderhack und ohne Bindemittel zubereitet wird. Verwenden Sie hier wirklich hochwertiges Hackfleisch, das nicht zu mager sein sollte – ein gewisser Fettanteil ist wichtig, damit das Hacksteak saftig wird und ein kräftiges Aroma bekommt. Jonti, mein fünfjähriger Sohn, LIEBT dieses Gericht, und da es vor Eiweiß nur so strotzt, verleiht es ihm jede Menge Energie. Mit diesem Gericht bin ich groß geworden. Bei uns gab es dazu immer Bratkartoffeln.

600 g Hackfleisch vom Rind
1 Schalotte, fein gehackt
2 EL gehackter Schnittlauch, plus Schnittlauch zum Servieren
Meersalz und frisch gemahlener schwarzer Pfeffer
2 EL Pflanzenöl
40 g Butter
4 Eier

1 Das Hackfleisch mit der Schalotte und dem Schnittlauch in eine Schüssel geben, mit Salz und Pfeffer würzen und gründlich verkneten. Die Mischung in vier gleiche Portionen teilen, aus jeder Portion ein rundes Hacksteak von 10 cm Durchmesser formen.

2 In einer großen Pfanne mit schwerem Boden das Öl bei hoher Temperatur erhitzen. Die Hacksteaks 3 Minuten pro Seite bis zum gewünschten Gargrad braten. Aus der Pfanne nehmen und auf Teller verteilen.

3 In einer zweiten großen Pfanne die Butter bei mittlerer Temperatur erhitzen. Die Eier behutsam in die Pfanne aufschlagen. Die Eier 2 Minuten braten, die Hitze verringern, den Deckel auflegen und die Eier 1 weitere Minute oder bis zum gewünschten Gargrad braten. Auf jedes Hacksteak ein Spiegelei setzen, mit Salz und Pfeffer würzen, mit Schnittlauchröllchen bestreuen und servieren.

Für 4 Personen als Hauptgericht

Fleisch, Geflügel & Wild

Hachis parmentier
GRATIN MIT HACKFLEISCH UND KARTOFFELPÜREE

Hier haben Sie zwei Möglichkeiten: Entweder Sie fangen bei null an und nehmen Rinderhack, oder Sie nutzen das Gratin als perfekte Resteverwertung – zum Beispiel für pochiertes Rindfleisch in Brühe (siehe Seite 114) oder Ochsenbäckchen auf Burgunder Art (siehe Seite 102). Da es sich um ein ziemlich reichhaltiges Gericht handelt, gehört ein frischer Salat unbedingt dazu.

80 g Butter, plus weiche Butter für die Form
1 Zwiebel, fein gehackt
3 Schalotten, fein gehackt
2 Knoblauchzehen, fein gehackt
600 g Hackfleisch vom Rind oder klein gehackte Rindfleischreste
1 große Tomate, enthäutet (siehe Seite 202) und fein gehackt
500 ml dunkler Kalbsfond (siehe Seite 49) oder Rinderfond
1 kg mehligkochende Kartoffeln
Salz
200 ml Milch
2 Eier, 1 davon getrennt
Meersalz und frisch gemahlener schwarzer Pfeffer
80 g Semmelbrösel aus altbackenen Brötchen
1 EL fein gehackter Thymian

1 In einem Topf mit schwerem Boden 20 g Butter bei mittlerer Temperatur erhitzen. Sobald die Butter aufschäumt, die Zwiebel, die Schalotten und den Knoblauch hineingeben und unter Rühren 4–5 Minuten anbraten. Das Fleisch, die Tomate und den Fond hinzufügen. Zum Kochen bringen, dann bei niedriger Temperatur 20–25 Minuten köcheln lassen, bis ein Großteil der Flüssigkeit verdampft ist. Vom Herd nehmen und abkühlen lassen.

2 Inzwischen die Kartoffeln schälen und halbieren. In einem Topf mit leicht gesalzenem Wasser 20 Minuten garen. In ein Sieb abgießen, abtropfen lassen, zurück in den Topf füllen und unter Rütteln bei niedriger Temperatur ausdampfen lassen. Die Kartoffeln durch die Kartoffelpresse drücken oder zerstampfen, dann die Milch, das Eigelb und die restliche Butter hinzufügen, das Püree mit Salz und Pfeffer abschmecken.

3 Den Backofen auf 180 °C vorheizen. Eine Auflaufform mit 1,5 l Fassungsvermögen ausbuttern.

4 Die Fleischmischung mit Salz und Pfeffer würzen, dann das Ei und das übrige Eiweiß zugeben und alles gut vermengen. Die Masse in die vorbereitete Auflaufform füllen, die Oberfläche glatt streichen. Mit dem Kartoffelpüree bedecken, die Oberfläche mit den Semmelbröseln und dem Thymian bestreuen.

5 Den Auflauf etwa 25 Minuten im Ofen backen, bis die Semmelbrösel goldbraun und knusprig sind. Sofort servieren.

Für 6 Personen als Hauptgericht

Pot-au-feu
POCHIERTES RINDFLEISCH IN BRÜHE

Das perfekte Winteressen, für das all die wunderbaren preiswerten Fleischstücke vom Rind in den Topf wandern. Verzichten Sie nicht auf das Knochenmark, es sorgt für jede Menge Aroma. Ich esse *pot-au-feu* sehr gern und bereite oft gleich die doppelte Menge zu – auf diese Weise habe ich Reste, die ich für ein Gratin mit Kartoffelpüree (siehe Seite 112) verwenden kann. Das Gemüse und den Garsud können Sie auch am nächsten Tag im Mixer zu einer schnellen, leckeren Suppe verarbeiten.

1,5 kg gemischtes Fleisch vom Rind wie Hachse, Ochsenschwanz und Bruststück
4 Markknochen vom Kalb
1 Zwiebel, halbiert
1 Gewürznelke
1 Knoblauchzehe, zerdrückt
1 Bouquet garni (siehe Seite 202)
5 schwarze Pfefferkörner
1 TL grobes Meersalz
4 festkochende Kartoffeln (beispielsweise Bintje; à etwa 90 g), längs halbiert
4 kleine Möhren, längs halbiert und in 4 cm lange Stücke geschnitten
8 junge weiße Rübchen, geputzt und längs halbiert
2 Selleriestangen, abgefädelt, längs halbiert und in 4 cm lange Stücke geschnitten
4 junge Lauchstangen, nur der weiße Teil, in 5 cm lange Stücke geschnitten
Geröstetes Graubrot, Fleur de sel (siehe Seite 202), körniger Senf und Cornichons
   zum Servieren

1 Das Fleisch und die Markknochen in einen großen Topf legen und so viel Wasser zugießen, dass alles gut bedeckt ist. Bei hoher Temperatur zum Köcheln bringen und den an die Oberfläche steigenden Schaum abschöpfen. Sobald Bläschen aufzusteigen beginnen (das Wasser darf niemals kochen, sonst wird das Fleisch zäh), auf niedrige Temperatur einstellen. Die Zwiebel, die Gewürznelke, die Knoblauchzehe, das Bouquet garni und die Pfefferkörner hinzufügen. 1½ Stunden köcheln lassen, dabei regelmäßig abschäumen. Salzen und weitere 1½ Stunden garen, bis das Fleisch sehr zart ist. Nach 2 Stunden die verschiedenen Fleischstücke auf ihren Gargrad prüfen, da sie unterschiedlich lange Garzeiten haben. (Ochsenschwanz benötigt bis zu 1 Stunde länger als die anderen Teile.) Das Fleisch aus dem Topf heben und den Garsud durch ein feines Sieb in einen sauberen Topf abseihen.

2 Den Sud bei mittlerer Hitze zum Kochen bringen. Die Kartoffeln 5 Minuten darin köcheln lassen, dann die Möhren und die Rübchen hinzufügen und 5 Minuten mitgaren. Den Sellerie und den Lauch zugeben und nochmals etwa 5 Minuten köcheln lassen, bis das gesamte Gemüse gar ist. (Falls gewünscht, den Sud dritteln und alles separat garen; so lassen sich die jeweiligen Garzeiten besser kontrollieren.)

3 Zum Servieren das Fleisch in große Stücke schneiden und das Mark aus den Knochen lösen. Die gerösteten Brotscheiben mit dem Mark bestreichen, das Fleisch in etwas Garsud servieren, mit Fleur de sel, Senf und Cornichons anrichten.

Für 4 Personen als Hauptgericht

Rôti de boeuf
ROASTBEEF

Das haben wir Franzosen von den Engländern geklaut – und besser gemacht! An dieser Stelle ein kleiner Rat von Onkel Manu: Ein so großes Stück Fleisch nie vor dem Braten salzen, das zieht die Feuchtigkeit heraus. Außerdem empfehle ich, dass Sie das Fleisch nicht weiter garen als blutig bis rosa (nehmen Sie ein Bratenthermometer zu Hilfe, falls Sie unsicher sind – die Kerntemperatur sollte 42 °C betragen) und den Braten vor dem Tranchieren mindestens 15 Minuten ruhen lassen. So macht man ein perfektes Roastbeef.

1 kg Rindfleisch (Hochrippe, Hüfte oder Roastbeef) am Stück
4 Knoblauchzehen, längs halbiert
60 ml Pflanzenöl
Frisch gemahlener schwarzer Pfeffer
2 EL gehackter Thymian
Meersalz
125 ml Rotwein
250 ml dunkler Geflügelfond (siehe Seite 48)
20 g kalte Butter, in kleine Stücke geschnitten

1 Das Fleisch 30 Minuten vor der Zubereitung aus dem Kühlschrank nehmen.

2 Den Backofen auf 240 °C vorheizen.

3 Mit einem kleinen scharfen Messer acht 2 cm tiefe Einschnitte an der Oberfläche des Bratens vornehmen. Den Knoblauch hineindrücken. Das Fleisch mit etwas Öl einreiben, dann großzügig mit Pfeffer würzen und mit Thymian bestreuen. Den Braten alle 5 cm mit Küchengarn zusammenbinden, um eine kompakte Form zu erhalten; dadurch gart das Fleisch gleichmäßiger.

4 Das restliche Öl in einem Bräter mit schwerem Boden bei hoher Temperatur erhitzen. Sobald das Öl richtig heiß geworden ist, das Fleisch 10–12 Minuten ringsum kräftig anbraten, bis es eine schöne Farbe angenommen hat. Das Fleisch im Backofen 20 Minuten braten, dann ist es blutig bis rosa, währenddessen zweimal mit der Bratflüssigkeit übergießen (oder im Ofen lassen, bis der gewünschte Gargrad erreicht ist).

5 Den Braten in eine große flache Form setzen, großzügig salzen, locker mit Folie abdecken und 15 Minuten an einem warmen Ort ruhen lassen.

6 Inzwischen überschüssiges Fett aus dem Bräter abgießen und den Bräter bei mittlerer Temperatur auf den Herd stellen. Den Wein zugießen und mithilfe eines Holzlöffels alles, was am Boden angesetzt hat, abschaben. Den Wein 3–4 Minuten köcheln lassen, bis er um die Hälfte eingekocht ist, dann den Fond unterrühren. Die Sauce durch ein feines Sieb in einen kleinen Topf abseihen und etwa 10 Minuten bei niedriger Temperatur auf die gewünschte Konsistenz einköcheln lassen. Den beim Ruhen ausgetretenen Fleischsaft dazugeben, dann die Butter stückchenweise unterschlagen und die Sauce mit Salz und Pfeffer abschmecken.

7 Zum Servieren den Braten quer zur Faser in 1 cm dicke Scheiben schneiden. Mit der Sauce übergießen und anrichten.

Für 4 Personen als Hauptgericht

Blanquette de veau
FEINES KALBSRAGOUT

Dieses Gericht erinnert mich immer an Winterabende zu Hause. Auf dem Herd köchelte das Kalbfleisch und schon der Duft verriet, worauf wir uns freuen durften. Ich bin kein Freund von mit Mehl gebundenen Saucen, doch in diesem Fall passt das gut. Die beste Beilage ist Pilawreis (siehe Seite 142), der dann in der ganzen cremigen Pracht versinkt – einfach lecker!

1,2 kg Kalbsschulter ohne Knochen, pariert und in 4–5 cm große Stücke geschnitten
1 große Möhre, geviertelt
1 große Zwiebel, geviertelt
1 Lauchstange, nur der weiße Teil, geviertelt
1 Selleriestange, geviertelt
2 Knoblauchzehen, zerdrückt
1 Zweig Thymian
1 Lorbeerblatt
5 weiße Pfefferkörner
1 Gewürznelke
Grobes Meersalz
50 g Butter
50 g Weizenmehl

100 g Crème fraîche
2 Eigelb
Meersalz und frisch gemahlener weißer Pfeffer
1 Prise frisch geriebene Muskatnuss
Pilawreis (siehe Seite 142) zum Servieren

Garnitur
300 g Perlzwiebeln, geputzt
1 kräftige Prise Zucker
60 g Butter, in kleine Stücke geschnitten
Meersalz und frisch gemahlener schwarzer Pfeffer
300 g Champignons, mit Küchenpapier abgerieben, halbiert, größere Exemplare geviertelt

1 Das Kalbfleisch in einen Schmortopf geben und mit reichlich Wasser bedecken. Bei hoher Temperatur zum Kochen bringen, aufsteigenden Schaum abschöpfen. Auf niedrigste Temperatur stellen, dann Möhre, Zwiebel, Lauch, Sellerie, Knoblauch, Thymian, Lorbeerblatt, Pfeffer, Gewürznelke und 1 Prise grobes Meersalz hinzufügen. Einen dicht schließenden Deckel auflegen und das Fleisch unter regelmäßigem Abschäumen 1½ Stunden sanft köcheln lassen, bis es sehr zart geworden ist.

2 Für die Garnitur die Zwiebeln mit dem Zucker, 30 g Butter und je 1 Prise Salz und Pfeffer in einen kleinen Topf geben. So viel Wasser zugießen, dass die Zwiebeln zur Hälfte im Wasser liegen. Bei mittlerer Temperatur zum Kochen bringen, zudecken und 10 Minuten garen. Ohne Deckel weitere 5 Minuten kochen lassen, bis das Wasser vollständig verdampft ist und die Zwiebeln gar, leicht gebräunt und glasiert sind. Vom Herd nehmen und beiseitestellen. In einer großen Pfanne die restliche Butter bei mittlerer Temperatur erhitzen. Sobald die Butter aufschäumt, die Pilze hineingeben und 5–6 Minuten braten, bis sie goldbraun und gar sind. Vom Herd nehmen und mit Salz und Pfeffer abschmecken.

3 Das Fleisch in ein Sieb geben, das auf einem großen Topf steht. Die gekochten Gemüse, Kräuter und Gewürze wegwerfen, das Fleisch locker mit Folie abdecken und beiseitestellen. Die aufgefangene Garflüssigkeit bei mittlerer Temperatur auf 1 l einkochen lassen. In einem Topf bei niedriger Temperatur die Butter zerlassen. Sobald sie zu schäumen beginnt, das Mehl hinzufügen und 2 Minuten unter Rühren anschwitzen, bis die Mischung einen sandfarbenen Ton annimmt. Die heiße reduzierte Garflüssigkeit nach und nach unter ständigem Schlagen zugießen, bis die Sauce bindet. 10 Minuten köcheln lassen, dann vom Herd nehmen. Die Crème fraîche mit den Eigelben verquirlen und unter die heiße Sauce rühren, bis sich alle Zutaten gut vermischt haben. Mit Salz, Pfeffer und Muskat abschmecken.

4 Das Fleisch, die Pilze und die glasierten Zwiebeln in die Sauce geben, behutsam umrühren und noch einmal kurz erhitzen. Sofort servieren. Pilawreis als Beilage reichen.

Für 4 Personen als Hauptgericht

Escalope de veau viennoise
WIENER SCHNITZEL

Kaufen Sie gutes Kalbfleisch beim Metzger Ihres Vertrauens, damit dieses einfache Gericht glänzen kann. Die besten Semmelbrösel sind immer noch die selbst geriebenen, aber grobes Pankomehl, die japanische Version, die es mittlerweile in größeren Supermärkten gibt, ist auch nicht schlecht. Die Kombination von knusprigen Bröseln, zartem Kalbfleisch, dem salzigen Kick der Sardellen und Kapern und der sauren Zitrone, die das Gegengewicht zum Öl bildet, ist schlichtweg brillant.

4 Kalbsschnitzel (à etwa 200 g)
Meersalz und frisch gemahlener schwarzer Pfeffer
Weizenmehl, mit Salz und Pfeffer gewürzt, zum Bestäuben
2 Eier, leicht verquirlt
150 g Semmelbrösel, aus altbackenen Brötchen frisch gerieben
50 ml Pflanzenöl
20 g Butter
Saft von ½ Zitrone
Zitronenscheiben, Sardellenfilets und schwarze Oliven zum Servieren (nach Belieben)

Ei-Kapern-Sauce
2 Eier
30 g in Salz eingelegte Kapern, gut abgespült und gehackt
½ Tasse glatte Petersilie, fein gehackt
4 Sardellenfilets, fein gehackt
Natives Olivenöl extra

1 Für die Ei-Kapern-Sauce die Eier in einen kleinen Topf legen, mit kaltem Wasser bedecken und bei mittlerer Temperatur zum Kochen bringen. Nach 8 Minuten herausnehmen und in kaltem Wasser abschrecken. Die Eier schälen, klein hacken und beiseitestellen.

2 Die Kalbsschnitzel mit der flachen Seite eines Fleischklopfers oder einem Rollholz leicht klopfen, bis sie überall gleichmäßig dünn sind. Die Schnitzel beidseitig salzen und pfeffern. Das gewürzte Mehl, die verquirlten Eier und die Semmelbrösel separat in flache Schalen geben. Die Schnitzel zuerst im Mehl wenden; überschüssiges Mehl abschütteln. Dann die Schnitzel ins verquirlte Ei tauchen und zum Schluss in den Semmelbröseln wenden, sodass die Schnitzel ringsum paniert sind.

3 In einer großen Pfanne mit schwerem Boden das Öl mit der Butter bei mittlerer bis hoher Temperatur erhitzen. Sobald die Butter zu schäumen beginnt, die panierten Schnitzel hineinlegen und pro Seite 2 Minuten braten, bis sie goldbraun und durchgegart sind. Den Zitronensaft in das Bratfett gießen und das Fleisch damit beträufeln. Die Schnitzel aus der Pfanne nehmen und auf Küchenpapier abtropfen lassen.

4 Die gehackten Eier mit den Kapern, der Petersilie und den Sardellen in eine kleine Schüssel geben und mit so viel Öl verrühren, dass sich alles gut verbindet.

5 Zum Servieren die Schnitzel auf Teller verteilen und mit etwas Ei-Kapern-Sauce garnieren. Nach Belieben mit einer Scheibe Zitrone garnieren und darauf eine in ein Sardellenfilet gewickelte Olive setzen.

Für 4 Personen als Hauptgericht

Jarret de veau braisé au vin rouge

IN ROTWEIN GESCHMORTE KALBSHACHSEN

Auf ein ähnliches Gericht bin ich einmal in einem Buch gestoßen. Ich fand es toll und habe nur ein bisschen dran herumgespielt, um ihm (m)eine persönliche Note zu geben. Die Hachsen schmoren so lange, bis das Fleisch fast von alleine vom Knochen fällt und eine intensive Sauce entstanden ist – ich liebe solches Essen. Wacholder und Zimt sind zwar nicht gerade sehr französisch, doch im Süden des Landes werden sie durchaus verwendet. Der Balsamico-Essig ist definitiv kein bisschen französisch, aber wen kümmert's, er macht die Sauce einfach perfekt!

2 EL Olivenöl
60 g kalte Butter, in kleine Stücke geschnitten
4 Kalbshachsen (à etwa 500 g), pariert, ein Stück vom Knochen freigeschabt
1 Zwiebel, in 2 cm große Stücke geschnitten
1 Möhre, in 2 cm große Stücke geschnitten
1 Stange Lauch, nur der weiße Teil, in 2 cm lange Stücke geschnitten
2 Knoblauchzehen, zerdrückt
380 ml Rotwein
1 l dunkler Geflügelfond (siehe Seite 48)
3 Zweige Thymian
2 Zweige Rosmarin
1 Zimtstange
10 Wacholderbeeren
130 ml Balsamico-Essig
Dicke Bohnen, Kerne ausgelöst, gedämpft und von den Häuten befreit (nach Belieben)

1 Den Backofen auf 180 °C vorheizen.

2 In einem gusseisernen Schmortopf das Olivenöl mit 20 g Butter bei mittlerer Temperatur erhitzen. Sobald die Butter aufschäumt, die Hachsen hineinlegen und 5 Minuten ringsum anbräunen. Aus dem Topf nehmen, dann die Zwiebel, die Möhre, den Lauch und den Knoblauch in das Bratfett geben und unter Rühren 6–8 Minuten goldgelb anbraten.

3 Die Hachsen zurück in den Bräter geben, den Wein zugießen und zum Kochen bringen. Fond, Thymian, Rosmarin, Zimtstange, Wacholderbeeren und Balsamico-Essig hinzufügen. Aufkochen, mit einem Stück Backpapier (*cartouche*, siehe Seite 202) bedecken, den Deckel auflegen und etwa 2 Stunden im Ofen schmoren, bis das Fleisch fast von selbst vom Knochen fällt; die Hachsen währenddessen einmal wenden.

4 Die Hachsen aus der Sauce heben, die Sauce durch ein feines Sieb in einen sauberen Topf abseihen, dabei die festen Bestandteile im Sieb mithilfe einer Schöpfkelle auspressen, um möglichst viel Aroma zu extrahieren. Die Sauce etwa 20 Minuten einköcheln lassen, bis sie um die Hälfte reduziert ist, dann die restlichen 40 g Butter stückchenweise unterschlagen.

5 Zum Servieren bei Bedarf nachwürzen, dann die Hachsen mit der Sauce übergießen und, falls gewünscht, mit Dicken Bohnen servieren.

Für 4 Personen als Hauptgericht

Fleisch, Geflügel & Wild

Escalope de veau à la normande

KALBSSCHNITZEL MIT PILZRAHMSAUCE

Die Normandie, eine Region ganz im Norden Frankreichs, ist berühmt für ihren Apfelanbau und ihre Apfelprodukte wie beispielsweise den Calvados, den Apfelbranntwein, der in diesem Rezept verwendet wird. Noch so ein Lieblingsessen aus Kindertagen. Damals servierte es meine Mutter mit selbst gemachten Nudeln, und so esse ich es auch heute noch am allerliebsten.

50 g Butter
200 g Champignons, mit Küchenpapier abgerieben und geviertelt
Meersalz und frisch gemahlener schwarzer Pfeffer
4 Kalbsschnitzel (à etwa 180 g)
1 EL Pflanzenöl
50 ml Calvados
150 ml dunkler Geflügelfond (siehe Seite 48)
150 g Sahne

1. In einer großen Pfanne mit schwerem Boden bei hoher Temperatur 20 g Butter erhitzen. Sobald sie schäumt, die Pilze hineingeben und 3 Minuten anbraten, bis sie gerade eben weich und goldgelb sind. Die Pilze mit Salz und Pfeffer würzen, aus der Pfanne nehmen und beiseitestellen.

2. Die Kalbsschnitzel beidseitig salzen und pfeffern. Das Öl und die restlichen 30 g Butter bei hoher Temperatur in der Pfanne erhitzen. Sobald die Butter aufschäumt, die Schnitzel hineinlegen und pro Seite 2 Minuten anbraten. Auf einen Teller legen, locker mit Folie abdecken und an einem warmen Ort ruhen lassen.

3. In der Zwischenzeit das überschüssige Fett aus der Pfanne abgießen, dann die Pfanne bei mittlerer Temperatur zurück auf den Herd stellen. Den Calvados und den Fond zugießen und zum Kochen bringen, dann die Sahne hinzufügen. Bei milder Hitze 8–10 Minuten köcheln lassen, bis die Sauce die Konsistenz von flüssiger Sahne angenommen hat. Die Pilze hineingeben und noch 3 Minuten mitgaren, dann die Sauce mit Salz und Pfeffer abschmecken und vom Herd nehmen.

4. Zum Servieren die Kalbsschnitzel auf Teller verteilen und mit der Sauce übergießen.

Für 4 Personen als Hauptgericht

Côtes de porc charcutière
SCHWEINEKOTELETTS MIT SENF UND CORNICHONS

Dieses Gericht lebt von seinen intensiven und sommerlichen Aromen – die reichlich verwendeten Cornichons und der Senf sorgen dafür, dass sich keine Geschmacksknospe langweilt. Das Fleisch spielt hier definitiv die Hauptrolle, deshalb sollten Sie unbedingt zum Metzger Ihres Vertrauens gehen. Da es sich nicht gerade um ein Diätgericht handelt, servieren Sie am besten einfach einen knackigen grünen Blattsalat dazu.

4 Schweinekoteletts (à etwa 250 g), pariert und ein Stück vom Knochen freigeschabt
Meersalz und frisch gemahlener schwarzer Pfeffer
2 EL Pflanzenöl
40 g Butter, in kleine Stücke geschnitten
3 Schalotten, fein gehackt
1 EL Dijonsenf
100 ml trockener Weißwein
150 ml dunkler Geflügelfond (siehe Seite 48)
1 EL Tomatenmark
5 Cornichons, in Juliennestreifen geschnitten (siehe Seite 202)
¼ Tasse fein gehackte krause Petersilie

1 Die Koteletts beidseitig salzen und pfeffern. In einer großen Pfanne mit schwerem Boden bei mittlerer Temperatur Olivenöl und Butter erhitzen. Sobald die Butter zu schäumen beginnt, das Fleisch hineinlegen und pro Seite 2–3 Minuten goldbraun anbraten. Bei milder Hitze weitere 3–4 Minuten pro Seite braten, bis das Fleisch gerade eben gar ist. (Die Garzeit hängt von der Dicke der Koteletts ab.) Die Koteletts auf einen Gitterrost legen, der auf einem Backblech steht, und warm stellen.

2 Die Pfanne bei niedriger Temperatur zurück auf den Herd stellen, die Schalotten im Bratfett 2–3 Minuten unter Rühren anschwitzen, bis sie weich sind. Den Senf hinzufügen und 2 Minuten köcheln lassen. Auf mittlere Temperatur stellen, dann den Wein zugießen und alles, was am Pfannenboden angesetzt hat, mit einem Holzlöffel abschaben. Die Flüssigkeit 3–4 Minuten um die Hälfte einköcheln lassen, dann den Fond und das Tomatenmark hinzufügen und nochmals um die Hälfte einköcheln lassen. Die Cornichons, die Petersilie und den beim Ruhen ausgetretenen Fleischsaft unterrühren. Mit Salz und Pfeffer abschmecken.

3 Zum Servieren die Koteletts auf Teller verteilen und mit der Sauce übergießen.

Für 4 Personen als Hauptgericht

Rôti de porc aux pruneaux
›façon mère Badet‹

SCHWEINEROLLBRATEN MIT BACKPFLAUMEN NACH ART VON MUTTER BADET

Vor einiger Zeit sprach ich mit meinem Koch Alban über Schweinebraten. Er stammt wie ich aus der Bretagne, und er sagte: »Oh, meine Mutter macht einen Schweinebraten mit Backpflaumen, für den ich sterben könnte!« Ich bat ihn, diesen Schweinebraten für mich zuzubereiten, und er tat es. Ich war begeistert und fragte ihn, ob ich das Rezept für mein Buch verwenden dürfe. Seine Antwort: »mais oui.« Und hier ist es.

1 kg Schweinebauch ohne Schwarte, zusammengerollt und im Abstand von 2 cm mit Küchengarn verschnürt
Meersalz und frisch gemahlener schwarzer Pfeffer
1 ½ EL Olivenöl
30 g Butter
1 Zwiebel, fein gehackt
2 Knoblauchzehen, fein gehackt

150 ml trockener Weißwein
150 ml dunkler Geflügelfond (siehe Seite 48)
200 g Backpflaumen, entsteint
1 Zweig Thymian
1 Lorbeerblatt
Grüne Bohnen mit Morchelbutter (siehe Seite 142) zum Servieren (nach Belieben)

1. Den Backofen auf 190 °C vorheizen.

2. Den Braten salzen und pfeffern. In einem gusseisernen Schmortopf, der so groß ist, dass der Braten gerade eben hineinpasst, das Öl erhitzen. Das Fleisch 10 Minuten bei hoher Temperatur unter Wenden anbraten, bis es ringsum gebräunt ist; es ist wichtig, dass der Braten außen kräftig gebräunt ist, dann bleibt er saftig. Den Braten aus dem Topf nehmen, das Fett abgießen, den Topf sauber reiben.

3. Den Topf bei niedriger Temperatur zurück auf den Herd stellen, die Butter hineingeben. Sobald sie zu schäumen beginnt, die Zwiebel und den Knoblauch darin 7–8 Minuten goldgelb anbraten. Den Wein und den Fond zugießen und zum Kochen bringen. Den Rollbraten zurück in den Topf legen, dann die Backpflaumen sowie den Thymian und das Lorbeerblatt hinzufügen (mit Küchengarn zusammengebunden) und einen gut schließenden Deckel auflegen. Den Braten im Backofen etwa 1 Stunde schmoren, bis er zart ist – heben Sie den Deckel während des Schmorvorgangs nicht an!

4. Das Fleisch aus dem Bräter heben, auf eine große Platte legen und locker mit Alufolie abgedeckt 15 Minuten im warmen Ofen ruhen lassen. Den Thymian und das Lorbeerblatt entfernen, den Schmorfond mit Salz und Pfeffer abschmecken. Vor dem Servieren kurz erhitzen.

5. Zum Servieren das Küchengarn entfernen, das Fleisch in Scheiben schneiden, auf Tellern anrichten, dann die Backpflaumen und die Sauce darauf verteilen. Falls gewünscht, dazu grüne Bohnen mit Morchelbutter servieren.

Für 4 Personen als Hauptgericht

Tomates farcies
GEFÜLLTE TOMATEN

In meiner Jugend servierte meine Mutter dieses Gericht im Winter mit großen, prallen, saftigen Tomaten aus Südfrankreich. Die gefüllten Tomaten machen ganz schön satt, vor allem, wenn man sie mit reichlich Brot serviert, mit dem man den köstlichen Bratensaft auftunken kann. Ich nehme hier Hackfleisch vom Schwein, Sie können jedoch auch gemischtes Hackfleisch von Schwein und Rind oder reines Rinderhack verwenden, wenn Sie möchten.

8 reife Tomaten
1 EL Meersalz
1 EL Olivenöl, plus Olivenöl zum Beträufeln
½ Zwiebel, fein gehackt
1 Knoblauchzehe, fein gehackt
250 g Hackfleisch vom Schwein
1 Ei
½ Tasse fein gehackte glatte Petersilie
50 g Semmelbrösel
Frisch gemahlener schwarzer Pfeffer
1 Prise frisch geriebene Muskatnuss

1 Vom unteren Ende der Tomaten eine dünne Scheibe abschneiden, damit sie aufrecht stehen bleiben; aufpassen, dass keine Löcher entstehen, sonst läuft später Flüssigkeit aus. Von der Oberseite einen Deckel abschneiden. Mithilfe eines Teelöffels die Samen aus den Tomaten herauskratzen und wegwerfen. Alle Teile mit Salz bestreuen und mit der offenen Seite nach unten 15 Minuten auf einem Küchentuch abtropfen lassen.

2 In der Zwischenzeit in einem Topf mit schwerem Boden das Olivenöl bei niedriger Temperatur erhitzen. Die Zwiebel und den Knoblauch hineingeben und unter gelegentlichem Rühren 5 Minuten anschwitzen, bis sie weich sind, aber noch keine Farbe angenommen haben. Vom Herd nehmen und abkühlen lassen.

3 Den Backofen auf 180 °C vorheizen.

4 Das Hackfleisch mit dem Ei, der Petersilie, den Semmelbröseln und der abgekühlten Zwiebelmischung in eine große Schüssel füllen. Mit Salz, Pfeffer und Muskat würzen, dann mit frisch gewaschenen Händen gründlich verkneten.

5 Die Tomaten aufrecht in eine Auflaufform stellen. Die Füllung auf die Tomaten verteilen und die abgeschnittenen Oberseiten als Deckel auflegen. Mit etwas Olivenöl beträufeln und 30 Minuten im Ofen backen, bis die Füllung goldbraun und gar ist.

6 Warm servieren.

Für 4 Personen als Hauptgericht

Côtes de porc dijonnaise
SCHWEINEKOTELETTS IN SENFSAHNE

Da hier Dijonsenf verwendet wird, ist der Geschmack relativ mild. Nehmen Sie auf jeden Fall den echten französischen (wie für alle Rezepte in diesem Buch, in denen Dijonsenf als Zutat vorkommt) und niemals das Zeug mit der Bezeichnung »auf französische Art«. Es handelt sich nämlich keineswegs um das gleiche Produkt, und manche im Handel angebotenen Sorten sind einfach nur schlecht. Genießen Sie die Koteletts mit einem guten, nicht zu schweren Rotwein (etwa Burgunder oder Beaujolais) und einem Kartoffelpüree als Beilage.

4 Schweinekoteletts (à etwa 250 g), pariert und ein Stück vom Knochen freigeschabt
Meersalz und frisch gemahlener schwarzer Pfeffer
1½ EL Pflanzenöl
30 g Butter
2 Knoblauchzehen, fein gehackt
2 Schalotten, fein gehackt
150 ml trockener Weißwein
150 ml dunkler Geflügelfond (siehe Seite 48)
150 g Sahne
50 g Dijonsenf
30 g körniger Senf
1 Zweig Thymian, die Blättchen abgezupft, plus Thymianzweige zum Servieren (nach Belieben)

1 Die Schweinekoteletts beidseitig salzen und pfeffern. In einer großen Pfanne mit schwerem Boden das Öl mit der Butter bei mittlerer Temperatur erhitzen. Sobald die Butter zu schäumen beginnt, die Koteletts hineinlegen und 4–5 Minuten pro Seite goldbraun anbraten, dabei immer wieder mit dem Bratfett übergießen. Mithilfe einer Küchenzange die Koteletts mit dem Fettrand nach unten etwa 5 Minuten braten, bis sich das Fett goldgelb färbt und schmilzt. Dann auf eine Seite legen und nochmals 1–2 Minuten braten, bis die Koteletts gerade eben gar sind. Auf einen Gitterrost legen, der auf einem Backblech steht, locker mit Folie abdecken und 5 Minuten im leicht vorgewärmten Ofen ruhen lassen.

2 In der Zwischenzeit das Bratfett bis auf 1 Esslöffel aus der Pfanne abgießen, dann diese bei mittlerer Temperatur zurück auf den Herd stellen. Den Knoblauch und die Schalotten 2–3 Minuten anbraten, bis sie gerade eben weich sind. Den Wein zugießen, dann bei mittlerer bis hoher Temperatur 3–4 Minuten um die Hälfte einkochen lassen. Den Fond und die Sahne hinzufügen und etwa 8 Minuten nochmals um die Hälfte einkochen lassen. Die beiden Senfsorten und den beim Ruhen der Koteletts ausgetretenen Fleischsaft unterrühren, den Thymian zugeben. Falls nötig, mit Salz und Pfeffer nachwürzen, die Pfanne vom Herd nehmen.

3 Zum Servieren die Schweinekoteletts auf Teller verteilen und mit der Senfsahne übergießen. Nach Belieben mit Thymianzweigen garnieren.

Für 4 Personen als Hauptgericht

Gratin d'endives au jambon
CHICORÉEGRATIN MIT GEKOCHTEM SCHINKEN

Auf der Liste meiner Lieblingsgerichte steht dieses ganz weit oben. Die cremige, vom Schinkenaroma durchzogene Sauce und die knusprige Käsekruste sind einfach unwiderstehlich. Achten Sie darauf, dass der Chicorée vollständig durchgegart ist, bevor er mit dem Schinken umwickelt wird. Beim Schneiden sollte kein Widerstand mehr spürbar sein.

6 Köpfe Chicorée
75 g weiche Butter
1 kräftige Prise Zucker
Meersalz und frisch gemahlener weißer Pfeffer
1 Zwiebel, fein gehackt
2 Knoblauchzehen, fein gehackt
300 ml heller Geflügelfond (siehe Seite 48)
150 g Sahne
15 g Weizenmehl
3 dünne Scheiben gekochter Schinken, halbiert
50 g Gruyère, gerieben

1. Vom Chicorée die äußeren Blätter entfernen und aufbewahren. Die Wurzelenden einkürzen, dabei darauf achten, dass nur so viel entfernt wird, dass die Köpfe noch zusammenhalten. Die Außenblätter fein hacken und beiseitestellen.

2. In einem gusseisernen Schmortopf, der gerade groß genug ist, dass der Chicorée in einer Lage hineinpasst, 60 g Butter bei mittlerer Temperatur zerlassen. Sobald die Butter aufschäumt, den Chicorée hineingeben, mit dem Zucker bestreuen, salzen und pfeffern. 3–4 Minuten unter Wenden ringsum leicht anbräunen, dann die Zwiebel, den Knoblauch, den Fond und die gehackten Chicoréeblätter hinzufügen. Den Deckel auflegen und den Chicorée bei milder Hitze 25–30 Minuten schmoren, bis er gar ist.

3. In der Zwischenzeit den Backofen auf 180 °C vorheizen.

4. Den Chicorée aus dem Topf nehmen, dabei möglichst viel von der Garflüssigkeit abtropfen lassen. Auf Küchenpapier gut abtropfen lassen; er soll möglichst trocken sein.

5. Die Garflüssigkeit durch ein feines Sieb in einen kleinen Topf abseihen. Die Sahne zugießen und die Flüssigkeit 8–10 Minuten bei niedriger Temperatur um die Hälfte einköcheln lassen. Das Mehl mit den restlichen 15 g Butter verkneten. Unter ständigem Schlagen die Mehlbutter zur eingekochten Garflüssigkeit geben und 5 Minuten köcheln lassen, bis die Sauce homogen ist und eindickt. Vom Herd nehmen und mit Salz und Pfeffer abschmecken.

6. Jeden Chicoréekopf einzeln in eine halbe Scheibe gekochten Schinken wickeln und in eine Auflaufform legen, in der alle gerade nebeneinander Platz finden. Mit der Sauce übergießen und mit dem geriebenen Käse bestreuen. Das Gratin etwa 20 Minuten im Ofen backen, bis sich eine appetitlich goldbraune Kruste gebildet hat. Servieren.

Für 6 Personen als kleine Mahlzeit

Petit salé aux lentilles
GEPÖKELTE SCHWEINSHACHSE MIT GRÜNEN LINSEN

Ein richtiges Wintergericht, das ganz wunderbar schmeckt, wenn es am nächsten Tag aufgewärmt wird, und die Aromen Zeit hatten, sich zu vermischen und zu verbinden. Mit etwas Fond können Sie aus Resten eine Suppe zaubern – dazu müssen Sie vor dem Erhitzen nur das Fleisch ablösen (wobei es ohnehin von selbst vom Knochen fallen wird) und den Speck und größere Gemüsestücke zerkleinern. Oder einfach alles pürieren wie bei der Linsensuppe mit Speck auf Seite 60.

1 Zwiebel, halbiert
2 Gewürznelken
2 große gepökelte Schweinshachsen
3 Möhren, 2 längs halbiert, 1 fein gehackt
2 Zweige Thymian
2 Lorbeerblätter
5 schwarze Pfefferkörner
150 g grüne Linsen (etwa Puy-Linsen)
3 Knoblauchzehen, zerdrückt

Grobes Meersalz und frisch gemahlener schwarzer Pfeffer
100 g durchwachsener Speck, in 3 × 1 cm große Streifen (*lardons*, siehe Seite 202) geschnitten
8 Frühlingszwiebeln, geputzt und in 3 cm lange Stücke geschnitten
½ Tasse gehackte glatte Petersilie
Natives Olivenöl extra zum Beträufeln

1 Die beiden Zwiebelhälften mit je 1 Gewürznelke spicken. Die Schweinshachsen in einen großen Topf legen und mit reichlich kaltem Wasser bedecken. Bei hoher Temperatur zum Kochen bringen. Dann auf milde Hitze herunterschalten, 1 gespickte Zwiebelhälfte, 1 halbierte Möhre, 1 Thymianzweig, 1 Lorbeerblatt und die Pfefferkörner hinzufügen. 2 Stunden köcheln lassen.

2 1 Stunde vor Ende der Garzeit die Linsen mit 1,25 l Wasser in einen Topf geben und bei mittlerer bis hoher Temperatur zum Kochen bringen. Die zweite gespickte Zwiebelhälfte, die übrige halbierte Möhre, den Knoblauch, den restlichen Thymianzweig und das zweite Lorbeerblatt hinzufügen. Bei milder Hitze 20 Minuten köcheln lassen. Mit grobem Meersalz würzen und weitere 5 Minuten garen, bis die Linsen weich sind. Die Linsen in ein Sieb abgießen und gründlich abtropfen lassen. Die Zwiebel, die Möhre, den Knoblauch und die Kräuter entfernen, dann die Linsen zurück in den Topf geben.

3 Eine große Pfanne bei hoher Temperatur erhitzen, darin den Speck 4–5 Minuten goldbraun anbraten. Die Hitze verringern, die Frühlingszwiebeln in die Pfanne geben und 5 Minuten unter Rühren mitbraten. Die gehackte Möhre hinzufügen und weitere 4–5 Minuten braten. Die Pfanne vom Herd nehmen. Die Speckmischung mit der Petersilie zu den Linsen geben, das Gemüse mit Salz und Pfeffer abschmecken.

4 Die Schweinshachsen abtropfen lassen und, sobald sie so weit abgekühlt sind, dass man sie anfassen kann, von Schwarte und Knochen befreien.

5 Zum Servieren die Linsen in Suppenschalen oder -teller schöpfen, mit einigen Stücken Fleisch garnieren und großzügig mit Olivenöl beträufeln.

Für 4 Personen als Hauptgericht

Carré d'agneau persillé
LAMMKARREE MIT KRÄUTERKRUSTE

In Frankreich gibt es fantastisches Lammfleisch. Eine besondere Spezialität sind Lämmer, die auf den *prés salés* grasen, den Salzwiesen an der Atlantikküste (die bretonischen sind besonders beliebt). Dabei entwickelt das Fleisch einen charakteristischen Geschmack. Wenn Sie das Lammkarree blutig bis rosa braten und anschließend 15 Minuten ruhen lassen, bleibt es saftig und rosa.

80 g Semmelbrösel aus altbackenen Brötchen
2 kleine Knoblauchzehen, fein gehackt
1 Tasse fein gehackte krause Petersilie
1 TL gehackter Thymian
Meersalz und frisch gemahlener schwarzer Pfeffer
30 g Butter, zerlassen

1 Lammkarree aus 8 Koteletts (etwa 500 g), pariert, Rippen freigeschabt und diese bei Bedarf gleichmäßig eingekürzt
1 EL Olivenöl
10 Schalotten, geschält
2 EL Dijonsenf

1   Den Backofen auf 180 °C vorheizen.

2   Die Semmelbrösel mit dem Knoblauch, der Petersilie und dem Thymian in eine Schüssel geben, mit Salz und Pfeffer würzen und gut vermischen. Die zerlassene Butter unterrühren, bis sich die Mischung zu einer Paste verbindet.

3   Mit einem scharfen Messer die Fettschicht auf dem Lammkarree alle 2 cm diagonal einritzen. Die Rippenenden in Alufolie wickeln, damit sie im Backofen nicht verbrennen. Das Fleisch ringsum mit Salz und Pfeffer würzen.

4   Das Olivenöl in einem ofenfesten Bräter bei mittlerer Temperatur erhitzen. Das Lamm und die Schalotten 6–8 Minuten goldbraun anbraten. Anschließend mit der Fettschicht nach oben 7 Minuten im Ofen weiterbraten, dann herausnehmen.

5   Den Senf mit schnellen Strichen auf der eingeritzten Fettseite verteilen, dann die Bröselmasse in einer gleichmäßig dicken Schicht auf den Senf pressen. Den Bräter zurück in den Ofen stellen und das Lamm weitere 5 Minuten braten, bis die Kräuterkruste goldbraun und knusprig geworden ist; das Fleisch ist dann im Kern noch rosa. Das Lammkarree aus dem Ofen nehmen und vor dem Tranchieren 15 Minuten locker mit Alufolie abgedeckt an einem warmen Ort ruhen lassen.

6   Zum Servieren die Folie von den Rippenknochen entfernen, das Lammkarree in Portionen teilen und auf Tellern anrichten.

Für 4 Personen als Hauptgericht

Navarin d'agneau
LAMMRAGOUT

Traditionell wurde dieses Ragout im Frühling serviert, es markierte den Übergang vom Winter zum Sommer. Obwohl es sich um ein Schmorgericht handelt, ist es aufgrund des reichlich verwendeten herrlich süßen jungen Gemüses recht leicht. Ganz zu schweigen von der Lammschulter – im Frühjahr schmeckt Lamm am allerbesten, und auf diese Weise kommt es perfekt zur Geltung.

50 ml Olivenöl
1 kg Lammschulter ohne Knochen, in 4–5 cm große Stücke geschnitten
Meersalz und frisch gemahlener schwarzer Pfeffer
1 Zwiebel, in 1 cm große Stücke geschnitten
1 Möhre, in 1 cm große Stücke geschnitten
30 g Weizenmehl
2 Knoblauchzehen, zerdrückt
4 Tomaten, jeweils in 8 Spalten geschnitten
3 Zweige Thymian
1 Lorbeerblatt
100 ml trockener Weißwein
1 l heller Geflügelfond (siehe Seite 48)
Krause Petersilie, fein gehackt (nach Belieben), zum Servieren

Garnitur
12 Frühlingszwiebeln, der grüne Teil eingekürzt, die Wurzelenden intakt gelassen
50 g Butter
1 Prise Zucker
Etwa 250 ml heller Geflügelfond (siehe Seite 48)
12 Babymöhrchen, geschält und geputzt
12 Babyrübchen, geschält und geputzt

1 In einem großen gusseisernen Schmortopf das Olivenöl bei hoher Temperatur erhitzen. Das Lammfleisch portionsweise je 5 Minuten ringsum anbräunen, dann salzen und pfeffern. Das angebratene Fleisch beiseitestellen. Zwiebel und Möhre im Bratfett 2 Minuten anschwitzen. Das Lamm zurück in den Topf geben, mit dem Mehl bestäuben und 2 Minuten durchrühren.

2 Den Knoblauch, die Tomaten, den Thymian, das Lorbeerblatt, den Wein und den Fond hinzufügen. Zum Kochen bringen, den Deckel halb auflegen, sodass Dampf entweichen kann, und das Ragout bei milder Hitze 50 Minuten köcheln lassen.

3 Für die Garnitur die Frühlingszwiebeln mit 15 g Butter und je 1 Prise Zucker, Salz und Pfeffer in einen kleinen Topf geben und so viel Fond angießen, dass die Zwiebeln zur Hälfte darin liegen. Zugedeckt bei mittlerer Temperatur 10 Minuten köcheln. Den Deckel abnehmen und die Zwiebeln weitere 5 Minuten köcheln lassen, bis die Flüssigkeit vollständig verdampft ist, die Zwiebeln leicht gebräunt sind und sich beim Einstechen mit einem Messer weich anfühlen. Vom Herd nehmen und beiseitestellen. Die Möhren und die Rübchen in separaten Töpfen mit der restlichen Butter und dem Fond nach derselben Methode garen. Die Möhren benötigen etwa 8 Minuten, die Rübchen etwa 12 Minuten, bis sie weich sind, was während des Garens überprüft werden muss. Das Gemüse vom Herd nehmen, sobald es gar ist.

4 Das Fleisch in ein Sieb geben, das auf einer großen Schüssel steht, die Brühe auffangen. Den Bräter spülen, abtrocknen und das Lamm wieder einfüllen. Mithilfe einer Schöpfkelle das Fett von der Brühe abschöpfen, dann die Brühe durch ein feines Sieb zurück in den Bräter gießen. Das Lammfleisch bei niedriger Temperatur nochmals 20–25 Minuten köcheln lassen, bis es sehr weich ist. Abschmecken, dann die glasierten Frühlingszwiebeln, Möhren und Rübchen hinzufügen und 2 Minuten miterhitzen.

5 Zum Servieren das Lammragout, falls gewünscht, mit Petersilie bestreuen und auf tiefe Teller verteilen.

Für 4 Personen als Hauptgericht

Fleisch, Geflügel & Wild

Gigot d'agneau braisé
GESCHMORTE LAMMKEULE

Der perfekte Sonntagsbraten – falls Sie bereit sind, früh genug aufzustehen, damit er zum Mittagessen fertig ist. Sie können hier anstelle der Lammkeule auch Schulter verwenden, nach der langen Garzeit ist sie wunderbar zart. Dazu passen ganz hervorragend die provenzalischen Tomaten (siehe Seite 142) und ein einfacher grüner Salat.

1,5 kg Lammkeule mit Knochen
Meersalz und frisch gemahlener schwarzer Pfeffer
50 ml Pflanzenöl
1 Möhre, in 1 cm große Stücke geschnitten
1 Zwiebel, in 2 cm große Stücke geschnitten
3 TL Tomatenmark
4 Knoblauchzehen, geschält
1 Lorbeerblatt
2 Zweige Thymian
50 ml trockener Weißwein
200 ml dunkler Kalbsfond (siehe Seite 49) oder Rinderfond
Provenzalische Tomaten (siehe Seite 142) zum Servieren (nach Belieben)

1. Den Backofen auf 130 °C vorheizen.

2. Die Lammkeule großzügig mit Salz und Pfeffer würzen. Das Öl in einem gusseisernen Schmortopf bei mittlerer bis hoher Temperatur erhitzen. Das Fleisch 8–10 Minuten ringsum anbräunen, dann herausnehmen. Die Möhre und die Zwiebel im Bratfett 6–7 Minuten goldgelb anrösten. Das Tomatenmark, den Knoblauch, das Lorbeerblatt sowie den Thymian zugeben und gut unterrühren. Die Lammkeule zurück in den Topf geben, den Wein und den Fond angießen und zum Kochen bringen.

3. Einen gut schließenden Deckel auflegen und das Fleisch etwa 3 Stunden im Ofen schmoren, bis es sehr zart ist und fast vom Knochen fällt. Das Fleisch herausnehmen und die Sauce mit Salz und Pfeffer abschmecken.

4. Zum Servieren die Keule tranchieren, auf Tellern anrichten und mit der Sauce übergießen. Dazu passen provenzalische Tomaten.

Für 4–6 Personen als Hauptgericht

Haricots verts au beurre de morilles
GRÜNE BOHNEN MIT MORCHELBUTTER

Eine wirklich feine Art, einfache grüne Bohnen aufzupeppen. Die Butter lässt sich gut tiefkühlen, sodass Sie sie bei Bedarf immer zur Hand haben. Dazu einfach mit einem angewärmten Messer Scheiben abschneiden und verwenden.

10 g getrocknete Morcheln
100 ml heißes Wasser
1½ EL Olivenöl
2 Schalotten, fein gehackt
1 Knoblauchzehe, fein gehackt
80 g weiche Butter
Meersalz und frisch gemahlener schwarzer Pfeffer
600 g grüne Bohnen, geputzt
1 EL fein gehackter Schnittlauch

Die Morcheln in eine kleine Schüssel geben, mit dem heißen Wasser übergießen und 15 Minuten quellen lassen. Abgießen und gründlich abspülen, um Sandreste zu entfernen, dann die Pilze grob hacken und beiseitestellen.

In einer großen Pfanne bei mittlerer Temperatur das Olivenöl erhitzen. Die Schalotten darin 2 Minuten anschwitzen, bis sie weich sind, jedoch keine Farbe angenommen haben. Den Knoblauch hinzufügen und 1 Minute mitgaren, dann die Morcheln unterrühren. Vom Herd nehmen und abkühlen lassen.

Die kalte Morchelmischung mit der Butter in eine Schüssel geben, vermischen und mit Salz und Pfeffer abschmecken. Die Masse auf ein Stück Frischhaltefolie geben, zu einer Rolle formen und die Folienenden so verdrillen, dass die Masse fest eingewickelt ist. Die Buttermischung auf der Arbeitsfläche zum Festigen hin- und herrollen. Bis zur Verwendung kalt stellen.

Die Bohnen in einem Topf mit leicht gesalzenem kochendem Wasser 3 Minuten garen. Sie sollten noch bissfest sein. In ein Sieb abgießen und gut abtropfen lassen.

Die Morchelbutter in einer großen Pfanne bei mittlerer Temperatur zerlassen. Sobald sie zu schäumen beginnt, die heißen Bohnen und den Schnittlauch hineingeben und behutsam mischen. Mit Salz und Pfeffer abschmecken und sofort servieren.

Die Morchelbutter ist tiefgekühlt 1 Monat haltbar.

Für 4 Personen

Tomates à la provençale
PROVENZALISCHE TOMATEN

4 große reife Tomaten, quer halbiert
80 ml Olivenöl
Meersalz und frisch gemahlener schwarzer Pfeffer
50 g grobe Semmelbrösel von altbackenen Brötchen
¼ Tasse gehackte krause Petersilie
1 EL gehackter Thymian
2 Knoblauchzehen, fein gehackt

Den Backofen auf 170 °C vorheizen. Das runde Ende der Tomatenhälften gerade schneiden, damit sie aufrecht stehen bleiben. (Aufpassen, dass nicht zu viel Fruchtfleisch weggeschnitten wird, sonst verlieren die Tomaten Saft.) Mit der Schnittfläche nach oben in eine flache Auflaufform setzen. Mit dem Olivenöl beträufeln, salzen und pfeffern. Die Semmelbrösel mit der Petersilie, dem Thymian und dem Knoblauch gut vermischen. Die Bröselmischung auf die Tomatenhälften verteilen. Etwa 30 Minuten im Ofen backen, bis die Oberfläche eine goldbraune Färbung angenommen hat. Servieren.

Für 4 Personen

Riz pilaf
PILAWREIS

500 ml heller Geflügelfond (siehe Seite 48)
1½ EL Pflanzenöl
1 kleine Zwiebel, fein gehackt
300 g Langkornreis
Meersalz und frisch gemahlener schwarzer Pfeffer
1 Lorbeerblatt

Den Backofen auf 180 °C vorheizen. Den Geflügelfond aufkochen und warm halten. Das Öl in einem ofenfesten Topf erhitzen, die Zwiebel darin goldbraun anbraten. Den Reis hinzufügen, salzen und pfeffern, umrühren. Mit dem heißen Fond übergießen, das Lorbeerblatt zugeben und zugedeckt im Ofen 20 Minuten garen. Herausnehmen und den Reis mindestens 10 Minuten ruhen lassen. Auflockern und servieren.

Für 4 Personen

Flan de courgettes
ZUCCHINIFLAN

So essen auch Kinder gern Zucchini. Eine vielseitige Beilage, ganz schnell gemacht und besonders gut zu Fisch.

4 Zucchini (à etwa 150 g)
50 ml Olivenöl, plus Olivenöl für die Förmchen
3 Schalotten, fein gehackt
2 Eier
100 g Sahne
Frisch geriebene Muskatnuss
Meersalz und frisch gemahlener schwarzer Pfeffer

Den Backofen auf 180 °C vorheizen.

Die Zucchini waschen und grob raspeln, dann mit den Händen sanft auspressen, um das Gemüse von überschüssiger Flüssigkeit zu befreien.

In einer Pfanne mit schwerem Boden bei mittlerer Temperatur das Olivenöl erhitzen. Die Schalotten darin 1–2 Minuten unter Rühren anschwitzen, bis sie weich sind. Die Zucchini zugeben und 4–5 Minuten unter Rühren anbraten, bis sie gerade eben gar sind und die Flüssigkeit vollständig verdampft ist. In den Mixer füllen und fein pürieren. Im Mixer etwa 5 Minuten stehen lassen, bis die Masse leicht abgekühlt ist. Die Eier und die Sahne hinzufügen, mit Muskat, Salz und Pfeffer würzen und nochmals pürieren, bis sich alles zu einer homogenen Masse verbunden hat.

Die Masse in vier leicht ausgefettete Auflaufförmchen mit je 250 ml Fassungsvermögen gießen, diese in einen ofenfesten Topf stellen. So viel heißes Wasser zugießen, dass die Förmchen zu zwei Dritteln im Wasser stehen, dann etwa 30 Minuten im Ofen backen, bis die Zucchinimasse gerade eben gestockt ist.

Den Topf vorsichtig aus dem Ofen nehmen. Mit einem kleinen Messer am Innenrand der Förmchen entlangfahren, um die Flans zu lösen. Auf Teller stürzen und servieren.

Für 4 Personen

Pommes dauphines
KARTOFFELKRAPFEN

Nicht gerade ein Rezept von der schnellen Sorte, aber so köstlich, dass ich einfach nicht genug davon bekommen kann! Verwenden Sie zum Formen einen Eisportionierer, dann erhalten Sie perfekte runde Krapfen, die Sie direkt ins heiße Öl gleiten lassen können – *et voilà!*

500 g mehligkochende Kartoffeln, geschält und halbiert, größere Exemplare geviertelt
Salz
1 Ei
2 Eigelb
Frisch geriebene Muskatnuss
Meersalz und frisch gemahlener weißer Pfeffer
Pflanzenöl zum Frittieren

Brandteig
60 ml Milch
50 g Butter, in kleine Stücke geschnitten
75 g Weizenmehl
2 Eier

Für den Brandteig in einem Topf 60 ml Wasser mit der Milch und der Butter erhitzen. Sobald die Mischung knapp unter dem Siedepunkt ist, den Topf vom Herd nehmen, das Mehl auf einmal hineinschütten. Mit einem Kochlöffel etwa 1 Minute unterrühren, bis sich die Zutaten verbunden haben. Die heiße Masse in die Rührschüssel der Küchenmaschine geben und mit dem Schaufelrührer 1–2 Minuten bearbeiten, um die Masse etwas abzukühlen. Bei laufendem Motor die Eier einzeln zugeben; das erste Ei muss sich völlig mit dem Teig verbunden haben, bevor das nächste zugegeben werden darf. Den Teig in eine Schüssel umfüllen, mit Frischhaltefolie abdecken und auf Raumtemperatur abkühlen lassen.

Inzwischen die Kartoffeln in einem Topf mit leicht gesalzenem Wasser etwa 20 Minuten garen. Gut abtropfen lassen, dann mit der Rückseite eines großen Metalllöffels oder mit einem Teigschaber durch ein feines Sieb in eine große Schüssel streichen. Das Ei und die Eigelbe hinzufügen, nach Belieben mit Muskat, Salz und Pfeffer würzen und gut vermischen. Den Brandteig gründlich unterrühren, bei Bedarf nachwürzen.

In einem großen Topf oder in der Fritteuse das Öl auf 160 °C erhitzen. Mit zwei Teelöffeln oder einem kleinen Eisportionierer den Teig zu Bällchen formen und portionsweise unter Wenden 5–8 Minuten frittieren, bis die Krapfen goldgelb und aufgegangen sind. Auf Küchenpapier abtropfen lassen, heiß servieren.

Für 6 Personen

Gratin dauphinois
KARTOFFELGRATIN

Dies ist ein wundervoller, sahniger Kartoffelauflauf. Sie können das Rezept sehr gut variieren, indem Sie verschiedene Kräuter, vielleicht etwas Speck oder, wenn Sie sie bekommen, Trüffelscheibchen hinzufügen. Alternativ können Sie auch die Hälfte der Kartoffeln durch ein Wurzelgemüse wie Pastinake oder Süßkartoffel ersetzen. Ich empfehle hier die Verwendung eines Gemüsehobels, damit die Kartoffelscheiben einheitlich dick geraten.

500 g Sahne
1 Knoblauchzehe, fein gehackt
1 EL gehackter Thymian
1 kg festkochende Kartoffeln, geschält und in 3 mm dicke Scheiben geschnitten
Meersalz und frisch gemahlener schwarzer Pfeffer
Butter für die Form

Die Sahne mit dem Knoblauch, dem Thymian und den Kartoffeln in einen großen Topf mit schwerem Boden füllen, mit Salz und Pfeffer würzen. Zum Kochen bringen, dann bei niedriger Temperatur 10 Minuten köcheln lassen. Dabei behutsam umrühren, damit die Kartoffeln nicht am Topfboden ansetzen.

In der Zwischenzeit den Backofen auf 180 °C vorheizen. Eine Auflaufform von 1,5 l Fassungsvermögen mit Butter einfetten.

Die Kartoffel-Sahne-Mischung in einer gleichmäßigen Schicht in die Auflaufform füllen. Mit Alufolie abdecken und 1½ Stunden im Ofen backen, bis die Kartoffeln gar sind. Die Folie abnehmen und das Gratin weitere 10 Minuten im Ofen backen, bis die Oberfläche appetitlich gebräunt ist und die Kartoffeln die Sahne vollständig aufgenommen haben.

Sofort servieren.

Für 4 Personen

Gratin de chou-fleur
BLUMENKOHLGRATIN

Dies ist die ultimative Beilage zu Braten, sei es vom Rind, Lamm oder Huhn. Niemals würde ich ein trostloses Häufchen in Wasser gekochten Blumenkohl als Beilage servieren – eine schreckliche Vorstellung! In Frankreich machen wir etwas Besonderes aus Gemüse, ein eigenständiges Gericht, weil wir davon überzeugt sind, dass alles, was wir zubereiten, mit Achtung und Liebe behandelt werden sollte.

1 kleiner Blumenkohl (etwa 1 kg), in Röschen geteilt, Strunk entfernt
Salz
1 Rezeptmenge heiße Béchamelsauce (siehe Seite 98)
250 g Gruyère, gerieben
4 Eigelb
Meersalz und frisch gemahlener weißer Pfeffer
Butter für die Form

Den Backofen 200 °C vorheizen.

Die Blumenkohlröschen in einen Topf mit leicht gesalzenem kochendem Wasser geben und 8–10 Minuten garen, bis sie gerade eben weich sind. Abtropfen lassen und beiseitestellen.

In der Zwischenzeit die heiße Béchamelsauce mit 100 g geriebenem Gruyère und den Eigelben verrühren. Falls nötig, mit Salz und Pfeffer abschmecken.

Eine flache Auflaufform mit 1 l Fassungsvermögen mit Butter ausfetten, dann die Blumenkohlröschen gleichmäßig in der Form verteilen. Mit der Béchamelsauce übergießen und mit dem restlichen Käse bestreuen. Die Form auf ein Backblech stellen, den Blumenkohl 15–20 Minuten im Ofen goldbraun überbacken und servieren.

Für 6 Personen

Poulet rôti à l'estragon de maman
DAS ESTRAGONHUHN MEINER MUTTER

Manchmal sind getrocknete Kräuter besser als frische. Die lange Gardauer in diesem Rezept würde das Aroma von frischem Estragon völlig zerstören. Als allgemeine Regel gilt, dass frische Kräuter vorzugsweise erst am Ende der Garzeit hinzugefügt werden sollten, so bleiben Aroma und Farbe am besten erhalten. Mit Blumenkohlgratin (siehe Seite 144) serviert, wird dies (dank meiner Mutter) zum ultimativen Brathähnchengenuss.

120 g weiche Butter
1 EL getrockneter Estragon
1 Hähnchen (etwa 1,8 kg)
Meersalz und frisch gemahlener schwarzer Pfeffer
2 Zwiebeln, in Spalten geschnitten
6 Knoblauchzehen
Blumenkohlgratin (siehe Seite 144) zum Servieren (nach Belieben)

1 Den Backofen auf 190 °C vorheizen.

2 Die Butter mit dem Estragon in einer kleinen Schüssel gut verrühren. Mit den Fingern die Haut des Hähnchens am Hals beginnend anheben und vorsichtig vom Brustfleisch lösen; dabei darauf achten, dass die Haut nicht reißt. Ein Drittel der Estragonbutter gleichmäßig beidseitig zwischen Haut und Brustfleisch verteilen; dabei wiederum aufpassen, dass die Haut nicht beschädigt wird. Das Hähnchen mit der restlichen Estragonbutter bestreichen, dann von innen und außen mit Salz und Pfeffer würzen. Mit Küchengarn zusammenbinden (dressieren) und so in einen Bräter legen, dass es auf einer Seite liegt.

3 Das Hähnchen 15 Minuten im Ofen braten, dann auf die andere Seite legen. Nochmals 15 Minuten braten, dann mit der Brustseite nach oben im Bräter platzieren. Die Zwiebeln und den Knoblauch hinzufügen und weitere 20–30 Minuten braten, bis das Hähnchen gar ist, währenddessen häufig mit der Garflüssigkeit übergießen. Das Hähnchen ist fertig, wenn beim Einstechen mit einem Spieß klarer Fleischsaft austritt.

4 Das Hähnchen aus dem Ofen nehmen und mit der Brustseite nach unten in eine vorgewärmte Schüssel legen. Locker mit Alufolie abdecken und vor dem Tranchieren 10 Minuten ruhen lassen.

5 Zum Servieren das Hähnchen tranchieren und auf Tellern anrichten. Falls gewünscht, mit Blumenkohlgratin servieren.

Für 4 Personen als Hauptgericht

Poulet à la basquaise
HÄHNCHENSCHMORTOPF AUF BASKISCHE ART

Dieses sommerliche Gericht lebt von den Aromen des Baskenlandes – Paprika und eine Chilisorte namens Espelette (Piment d'Espelette). In diesem Teil Frankreichs sieht man immer wieder Häuser, die unter zum Trocknen aufgehängten Chilischoten fast verschwinden. Dieses Rezept ist inspiriert von meinem Kollegen Jean François. Er stammt aus dem Baskenland und besitzt ein bezauberndes Restaurant, *Le Pelican,* in Sydney.

100 ml Olivenöl
2 Zwiebeln, längs halbiert und in dünne Scheiben geschnitten
4 Knoblauchzehen, zerdrückt
100 g luftgetrockneter Schinken, in 4 cm lange und 3 mm dicke Streifen geschnitten
Je 1 rote, gelbe und grüne Paprikaschote, von Samen und Scheidewänden befreit und in 4 cm lange und 3 mm dicke Streifen geschnitten
2 lange grüne Chilischoten, halbiert, von Samen und Scheidewänden befreit und in 4 cm lange und 3 mm dicke Streifen geschnitten
Cayennepfeffer oder Piment d'Espelette (siehe Seite 202), Menge nach Geschmack
1 Zweig Thymian
1 Lorbeerblatt
3 große Tomaten, enthäutet (siehe Seite 202), von den Samen befreit und fein gehackt
200 ml trockener Weißwein
50 ml Rotweinessig
Meersalz und frisch gemahlener schwarzer Pfeffer
4 Hähnchenkeulen mit Rückenstück
Pilawreis (siehe Seite 142) zum Servieren (nach Belieben)

1 In einem großen Topf 50 ml Olivenöl bei mittlerer Temperatur erhitzen. Die Zwiebeln darin 3–4 Minuten unter Rühren anschwitzen. Den Knoblauch und den Schinken in den Topf geben und unter regelmäßigem Rühren 10 Minuten anbraten. Die Paprika, die Chilischoten und den Cayennepfeffer hinzufügen und weitere 5 Minuten garen, bis die Paprikastreifen gerade eben weich sind. Den Thymian, das Lorbeerblatt, die Tomaten und den Wein zugeben, dann 6–8 Minuten köcheln lassen, bis die Flüssigkeit um zwei Drittel eingekocht ist. Den Essig zugießen und nochmals 5 Minuten köcheln lassen, bis Wein und Essig fast vollständig verdampft sind. Mit Salz und Pfeffer würzen und beiseitestellen.

2 Inzwischen die Hähnchenkeulen ringsum salzen und pfeffern. In einem großen gusseisernen Schmortopf die restlichen 50 ml Olivenöl bei mittlerer bis hoher Temperatur erhitzen. Die Hähnchenkeulen darin 5–6 Minuten unter Wenden ringsum anbräunen, dann im geschlossenen Topf bei milder Hitze 20 Minuten schmoren.

3 Die Gemüsemischung auf den Hähnchenkeulen verteilen. Den Deckel wieder auflegen und das Fleisch bei niedriger Temperatur weitere 50–60 Minuten schmoren, bis es sehr zart ist und fast vom Knochen fällt. Abschmecken und, falls gewünscht, mit Pilawreis servieren.

Für 4 Personen als Hauptgericht

Poule au pot
POCHIERTES HUHN MIT GEMÜSE

Falls Sie gerade Ihren großzügigen Tag haben, dürfen Sie dem Hühnchen gerne Trüffelscheiben unter die Haut schieben. Sollten Reste übrig bleiben, schlage ich vor, das Gemüse im Garsud zu pürieren und als schnelle Suppe zu genießen und aus den zerkleinerten kalten Fleischresten ein supersaftiges Hühnchen-Mayo-Sandwich zu zaubern.

1 Freilandhuhn (etwa 2 kg), küchenfertig vorbereitet
1 große Prise grobes Meersalz
1 Zwiebel, in Spalten geschnitten
2 Zweige Thymian
1 Lorbeerblatt
5 schwarze Pfefferkörner
1 Gewürznelke
3 Knoblauchzehen
Olivenöl zum Bestreichen

Garnitur
14 Babymöhrchen, geschält und geputzt
8 Babyrübchen, geschält und geputzt
8 Stangen junger Lauch, geputzt, gründlich gewaschen und in 10 cm lange Stücke geschnitten
4 Köpfe Rosenkohl, halbiert

1. Das Huhn in einen großen Topf legen. Das Salz und so viel kaltes Wasser hinzufügen, dass das Huhn gut bedeckt ist. Bei hoher Temperatur zum Kochen bringen, dann die Zwiebel, den Thymian, das Lorbeerblatt, die Pfefferkörner, die Gewürznelke und den Knoblauch zugeben. Bei milder Hitze 1 Stunde köcheln lassen, bis das Huhn gar ist.

2. Nach 45 Minuten 750 ml von der Garflüssigkeit abnehmen und in einen sauberen Topf gießen. Zum Kochen bringen und portionsweise nacheinander die Gemüse garen: Möhren und Rübchen jeweils 10 Minuten, Lauch und Rosenkohl jeweils 5 Minuten, bis sie gerade eben gar sind. Das Gemüse nach dem Garen auf eine vorgewärmte große Servierplatte füllen und mit Alufolie abdecken.

3. Zum Servieren das Huhn aus der Brühe heben und auf ein Tranchierbrett legen. Die Haut entfernen. Dann das Huhn in Portionsstücke zerlegen und das Fleisch mit etwas Olivenöl bestreichen, damit es schön glänzt. Die Hühnchenteile auf der Platte mit dem heißen Gemüse dekorativ anordnen, die Brühe separat servieren.

Für 4 Personen als Hauptgericht

Magret de canard au poivre vert
ENTENBRUST MIT PFEFFERSAUCE

Ein französischer Klassiker, der sich bestens dazu eignet, Familie und Freunde zu beeindrucken (und dabei wie ein Chefkoch rüberzukommen). Die Sauce besitzt eine gewisse Schärfe, sie ist jedoch so köstlich, dass ich immer (mindestens) einen Nachschlag davon haben möchte. Der Trick bei Entenbrust ist, sie so anzubraten, dass die Haut ihr Fett abgibt und dadurch schön knusprig wird – außerdem darf sie auf keinen Fall zu lange gegart werden, da sie sonst austrocknet. Im Idealfall ist sie im Kern appetitlich rosa und saftig.

4 Entenbrustfilets mit Haut (à etwa 180 g)
Meersalz und frisch gemahlener schwarzer Pfeffer
50 g Butter
4 Schalotten, fein gehackt
2 EL grüne Pfefferkörner in Lake, abgetropft
2 EL Madeira
1 ½ EL Dijonsenf
300 ml dunkler Geflügelfond (siehe Seite 48)
200 g Sahne
Kartoffelgratin (siehe Seite 144) zum Servieren (nach Belieben)

1 Die Haut der Entenbrustfilets großzügig mit Salz und Pfeffer bestreuen und beides sorgfältig einmassieren. Dadurch löst sich das Fett beim Braten besser aus der Haut und sie wird knuspriger. Die Fleischseite ebenfalls salzen und pfeffern.

2 Eine große Pfanne mit schwerem Boden bei mittlerer Temperatur erhitzen – die Zugabe von Öl ist nicht nötig, da aus der Entenhaut ausreichend Fett austritt. Die Entenbrustfilets mit der Hautseite nach unten 6–8 Minuten anbraten, bis die Haut sehr knusprig und goldbraun gefärbt ist und den Großteil ihres Fetts abgegeben hat. Die Entenbrüste wenden und weitere 5 Minuten braten; sie sollten im Inneren noch rosa sein. Die benötigte Gardauer variiert je nach Dicke der Fleischstücke. Die Filets mit der Hautseite nach oben auf einen Teller legen. Locker mit Alufolie abdecken und im leicht vorgewärmten Backofen ruhen lassen, während die Sauce zubereitet wird.

3 Das Fett aus der Pfanne abgießen, dann die Butter, die Schalotten und die grünen Pfefferkörner hineingeben und 3–4 Minuten bei niedriger Temperatur anbraten, bis die Schalotten weich sind. Auf mittlere bis hohe Temperatur einstellen und den Madeira zugießen. Mit einem Kochlöffel alles abschaben, was am Pfannenboden angesetzt hat. Den Senf unterrühren, dann den Fond hinzufügen und zum Kochen bringen. Die Sahne zugießen und erneut zum Kochen bringen. Bei niedriger Temperatur 6–8 Minuten auf die gewünschte Konsistenz einköcheln lassen, dann abschmecken.

4 Zum Servieren die Entenbrustfilets in Scheiben schneiden und auf Tellern anrichten. Mit der Pfeffersauce übergießen und, falls gewünscht, dazu ein Kartoffelgratin servieren.

Für 4 Personen als Hauptgericht

Confit de canard
ENTENCONFIT

Ein Confit ist leicht herzustellen. Wirklich wichtig dabei ist das Einsalzen, deshalb darf man diesen Schritt auf keinen Fall auslassen. Der Pökelprozess entzieht dem Fleisch Feuchtigkeit und verleiht ihm Aroma – zu einem späteren Zeitpunkt lässt sich das nicht mehr nachholen.

200 g grobes Meersalz
1 Knoblauchzehe
2 Gewürznelken
5 schwarze Pfefferkörner
1 Sternanis
Fein abgeriebene Schale von
    1 Bio-Orange

1 Zweig Thymian
1 Lorbeerblatt
4 Entenkeulen mit Rückenstück
1 kg Gänse- oder Entenschmalz
Gehackter Thymian und in Entenschmalz gebratene Kartoffeln zum Servieren

1 Das Salz mit dem Knoblauch, den Gewürznelken, den Pfefferkörnern, dem Sternanis, der Orangenschale, dem Thymian und dem Lorbeerblatt in der Küchenmaschine unter Betätigung des Intervallschalters kurz zerkleinern, sodass alles gut vermischt ist.

2 Die Entenkeulen in eine Auflaufform aus Keramik mit hohem Rand legen, die gerade eben groß genug ist, um alle dicht nebeneinander in einer Lage aufzunehmen, dann die Salzmischung zugeben und mit den Händen sorgfältig verteilen. Die Form mit Frischhaltefolie abdecken und 3 Stunden kalt stellen.

3 Die Entenkeulen herausnehmen, Salzreste mit Küchenpapier entfernen. Die Keulen unter fließendem kaltem Wasser gründlich abspülen und mit einem sauberen Küchentuch trocken tupfen.

4 Das Schmalz in einen gusseisernen Schmortopf geben und bei sehr niedriger Temperatur zerlassen. Die Entenkeulen hineinlegen und etwa 2 Stunden garen, bis das Fleisch sehr zart ist und fast vom Knochen fällt. Die Fetttemperatur darf 80 °C auf dem Küchenthermometer (siehe Seite 202) nicht überschreiten.

5 Den Backofen auf 200 °C vorheizen. Die Entenkeulen aus dem Schmalz nehmen und mit der Hautseite nach oben auf einen Gitterrost legen, der auf einem Backblech steht. Die Entenkeulen 5–10 Minuten braten, bis die Haut goldbraun und knusprig ist, mit Thymian bestreuen und mit Bratkartoffeln servieren.

Für 4 Personen als Hauptgericht

TIPPS UND TRICKS

- Wenn Sie das Confit im Voraus zubereiten und aufbewahren möchten, benötigen Sie zusätzlich zum Fett, in dem Sie die Entenkeulen garen, frisches Entenschmalz. Nochmals 1 kg Entenschmalz zerlassen und eine 2 cm dicke Schicht in ein sterilisiertes Gefäß gießen. Wenn das Fett abgekühlt und erstarrt ist, das Confit hineingeben, mit dem restlichen Fett übergießen, dabei darauf achten, dass das Fleisch ringsum davon eingeschlossen ist, und vollständig abkühlen lassen. Gut verschlossen ist das Confit im Kühlschrank 2 Monate haltbar.
- Das Entenschmalz, das vom Braten übrig ist, können Sie bis zu 3 Monate im Kühlschrank aufbewahren und beispielsweise zum Anbraten von Kartoffeln verwenden.

Cailles aux raisins
WACHTELN MIT ROSINEN

Die Wachtel ist ein kleiner Vogel, der uns viel zu sagen hat – besonders wenn er Cognac trinkt! Die Kombination von süßen Rosinen und zartem Wildgeflügel ist wirklich gut, vor allem, wenn Sie die Wachteln so garen, dass sie mit einer goldbraunen, karamellisierten Haut aus dem Ofen kommen. Bei diesem Gericht können Sie das Besteck getrost weglassen – es schmeckt am besten, wenn Sie die Wachteln mit den Fingern essen.

150 g Rosinen
200 ml heißes Wasser
6 Wachteln (à etwa 190 g)
Meersalz und frisch gemahlener schwarzer Pfeffer
1 EL Pflanzenöl
70 g kalte Butter, in kleine Stücke geschnitten
2 Zweige Thymian
60 ml Cognac
500 ml dunkler Geflügelfond (siehe Seite 48)
2 TL Sherryessig
Fein gehackter Schnittlauch zum Servieren (nach Belieben)

1 Den Backofen auf 180 °C vorheizen.

2 Die Rosinen in eine Schüssel geben, mit dem heißen Wasser übergießen und mindestens 15 Minuten quellen lassen. In ein Sieb abgießen und zum Abtropfen beiseitestellen.

3 In der Zwischenzeit die Wachteln mit Küchenpapier abtupfen, dann von innen und außen mit Salz und Pfeffer würzen. In einem gusseisernen Schmortopf das Öl mit 30 g Butter und dem Thymian bei hoher Temperatur erhitzen. Sobald die Butter zu schäumen beginnt, die Wachteln hineingeben und 4–5 Minuten unter Wenden ringsum anbräunen.

4 Den Deckel auflegen, den Topf in den Ofen stellen und die Wachteln 15–20 Minuten braten, bis sie gerade eben gar sind. Herausnehmen und in eine vorgewärmte Schüssel legen.

5 Die Rosinen in das Bratfett geben und 5 Minuten bei mittlerer Temperatur unter Rühren erhitzen. Den Cognac in den Topf gießen und um die Hälfte einköcheln lassen. Auf hohe Temperatur einstellen, den Fond zugießen und kochen lassen, bis die Flüssigkeit um die Hälfte reduziert ist. Bei niedriger Temperatur die restlichen 40 g Butter unterschlagen, bis die Sauce glänzt und leicht eindickt; nicht mehr kochen lassen. Den Essig in die Sauce rühren und abschmecken. Die Wachteln zurück in den Topf geben und in der Sauce wenden. Falls gewünscht, mit Schnittlauch bestreuen.

6 Zum Servieren die Wachteln auf Teller verteilen und mit der Sauce übergießen.

Für 6 Personen

Lapin chasseur
GESCHMORTES KANINCHEN MIT SPECK UND PILZEN

Kaninchenfleisch ist sehr mager – auch wenn es sich hier um ein Schmorgericht handelt, müssen Sie daher darauf achten, das Fleisch nicht zu übergaren, sonst wird es trocken. Nach genau demselben Rezept können Sie übrigens Hähnchen zubereiten. Für was Sie sich auch entscheiden, am besten servieren Sie dazu ein buttriges Kartoffelpüree oder cremige Polenta.

1 Kaninchen von 1,6 kg
Meersalz und frisch gemahlener schwarzer Pfeffer
50 ml Pflanzenöl
40 g Butter, in kleine Stücke geschnitten
200 g durchwachsener Speck, gewürfelt
250 g Champignons, mit Küchenpapier abgerieben und halbiert, größere Exemplare geviertelt
2 Schalotten, in dünne Scheiben geschnitten
4 Knoblauchzehen, fein gehackt
2 Zweige Thymian
1 Lorbeerblatt
50 ml Cognac
50 ml trockener Weißwein
700 ml dunkler Geflügelfond (siehe Seite 48)
¼ Tasse grob gehackter Estragon zum Servieren (nach Belieben)

1 Mit einem scharfen Messer die Vorderläufe und die Keulen vom Kaninchenkörper abtrennen. Die Sehnen vom Rücken entfernen, den Rücken in 4 Stücke teilen, das Fleisch am Knochen lassen (oder den Metzger bitten, das Kaninchen zu zerteilen). Die Kaninchenteile mit Salz und Pfeffer würzen.

2 In einem großen gusseisernen Schmortopf das Öl und 20 g Butter bei mittlerer Temperatur erhitzen. Sobald die Butter aufschäumt, die Kaninchenteile hineingeben und 3 Minuten pro Seite goldbraun anbraten. Herausnehmen und beiseitestellen. Die restliche Butter, den Speck und die Pilze in den Topf geben und 4–5 Minuten unter Rühren Farbe annehmen lassen, dann ebenfalls herausnehmen. Die Schalotten, den Knoblauch, den Thymian und das Lorbeerblatt 1–2 Minuten anschwitzen.

3 Die Vorderläufe und die Keulen zurück in den Schmortopf legen, mit dem Cognac flambieren. Wenn die Flammen erloschen sind, den Wein zugießen und um die Hälfte reduzieren. Den Fond hinzufügen und aufkochen. Auf niedrige Temperatur schalten. Das Fleisch locker mit einem Stück Backpapier bedecken (*cartouche*, siehe Seite 202), dann den Deckel auflegen und die Kaninchenkeulen 45 Minuten bei sehr milder Hitze schmoren. Die Rückenstücke zugeben und weitere 10 Minuten köcheln lassen, bis sie gerade eben gar sind. Alle Teile aus dem Topf nehmen und beiseitestellen.

4 Die Garflüssigkeit durch ein feines Sieb in einen breiten Topf abseihen und bei mittlerer Temperatur 10 Minuten einkochen lassen, bis sie auf die Hälfte reduziert ist. Abschmecken, die Pilze und die Kaninchenteile zugeben und noch 1–2 Minuten köcheln lassen, bis alles vollständig erwärmt ist.

5 Zum Servieren das Kaninchen, falls gewünscht, mit Estragon bestreuen und auf Tellern anrichten.

Für 4 Personen als Hauptgericht

Fleisch, Geflügel & Wild

Lapin à la moutarde
SCHMORKANINCHEN IN SENFSAUCE

Das bevorzugte Kaninchenrezept meiner Mutter. Die Eltern meiner Tante hatten eine Kaninchenzucht, und wenn wir ein Kaninchen zubereiten wollten, gingen sie einfach zu den Ställen, holten eines heraus und schlachteten es direkt vor unseren Augen – frischer geht es nicht. Dies ist ein rustikales Gericht, das man am besten im Winter genießt.

50 ml Pflanzenöl
20 g Butter
4 Kaninchenkeulen
Meersalz und frisch gemahlener schwarzer Pfeffer
120 g Dijonsenf
3 TL Thymianblättchen
2 Schalotten, in dünne Scheiben geschnitten
150 ml trockener Weißwein
250 g Sahne
Gehackter Thymian und frische Bandnudeln zum Servieren

1 Den Backofen auf 160 °C vorheizen.

2 In einem gusseisernen Schmortopf das Öl mit der Butter bei mittlerer Temperatur erhitzen. Sobald die Butter zu schäumen beginnt, die Kaninchenkeulen hineingeben, mit Salz und Pfeffer würzen und 6 Minuten auf beiden Seiten goldbraun anbraten. Den Topf vom Herd ziehen, die Keulen herausnehmen, mit etwas Senf bestreichen, mit Thymian bestreuen und beiseitestellen.

3 Den Topf zurück auf den Herd stellen. Im Bratfett die Schalotten etwa 3 Minuten bei niedriger Temperatur anschwitzen, bis sie weich sind. Den Wein zugießen und zum Kochen bringen. Die Kaninchenkeulen zurück in den Topf geben und einen gut schließenden Deckel auflegen.

4 Den Schmortopf in den Ofen stellen und die Keulen etwa 45 Minuten garen, bis sie zart sind, währenddessen zweimal wenden.

5 Das Fleisch aus dem Topf nehmen und auf eine vorgewärmte Servierplatte legen. Den Topf auf den Herd stellen, dann die Sahne und den restlichen Senf in den Bratensatz rühren und dabei alles, was am Boden angesetzt hat, abschaben. Die Sauce 5–6 Minuten bei niedriger Temperatur um ein Drittel einköcheln lassen. Probieren und bei Bedarf mit Salz und Pfeffer nachwürzen.

6 Zum Servieren die Kaninchenkeulen mit der Senfsauce übergießen, mit dem Thymian bestreuen und mit frischen Bandnudeln servieren.

Für 4 Personen als Hauptgericht

DESSERTS

Tarte Tatin de maman
DIE TARTE TATIN MEINER MUTTER

Dies ist das einzige Rezept von meiner Mutter, das ich nie so hinkriege wie sie. Ihre Tarte Tatin ist die beste auf der ganzen Welt – sie hat sie so oft zubereitet. Im Restaurant servieren wir Crème fraîche zu diesem Kuchen, weil er so süß ist und die Sahne dazu einen schönen Kontrast bildet. Und dass ein Gast stattdessen Eiscreme bestellt, kommt überhaupt nicht infrage.

4–5 Äpfel der Sorte Fuji
100 g Zucker
1 Vanilleschote, Mark ausgekratzt
60 g Butter, in kleine Stücke geschnitten
1 Rezeptmenge Mürbeteig (siehe Seite 200)
Weizenmehl zum Bestäuben
Crème fraîche oder Sauerrahm zum Servieren

1. Den Backofen auf 190 °C vorheizen.

2. Die Äpfel schälen, vierteln und vom Kerngehäuse befreien. Eine schwere ofenfeste Pfanne von 25 cm Durchmesser bei mittlerer Temperatur auf den Herd stellen. Den Zucker hineingeben und bei milder Hitze zu goldbraunem Karamell kochen. Dabei die Pfanne gelegentlich schwenken, aber nicht umrühren. Das Vanillemark und 20 g Butter hinzufügen und aufschäumen lassen, dann die Pfanne einige Male schwenken, um alles zu vermischen. Vom Herd nehmen.

3. Die Äpfel mit der runden Seite nach unten eng nebeneinander in der Pfanne anordnen, dabei von außen nach innen vorgehen. Mit den restlichen Butterstückchen belegen, dann die Pfanne wieder auf den Herd stellen und die Äpfel 5–6 Minuten unter leichtem Rütteln (um verbrannte Stellen zu vermeiden) karamellisieren, bis dunkle, buttrige Karamellblasen aufsteigen. Vom Herd nehmen.

4. Den Mürbeteig auf einer leicht bemehlten Arbeitsfläche zu einem Kreis ausrollen, der einen etwas größeren Durchmesser als die Pfanne hat. Den Teigkreis auf die Äpfel legen, dabei die Teigränder zwischen Äpfel und Pfannenrand stecken, als ob Sie ein Betttuch unter einer Matratze einschlagen wollten. Die Tarte etwa 30 Minuten im Ofen backen, bis der Teig goldbraun und durchgebacken ist und der Karamell am Rand aufsteigt.

5. Den Kuchen aus dem Ofen nehmen und 1 Stunde in der Pfanne abkühlen lassen. (Falls Sie die Tarte vor dem Stürzen nicht abkühlen lassen, bleiben die Äpfel möglicherweise am Pfannenboden hängen, also haben Sie Geduld!)

6. Unmittelbar vor dem Servieren einen großen Teller auf die Pfanne legen und in einer fließenden Bewegung die Positionen vertauschen, sodass die Pfanne nun auf dem Teller liegt. Die Pfanne behutsam anheben und entfernen, dann die Tarte in Stücke schneiden und mit großzügigen Klecksen Crème fraîche oder Sauerrahm servieren.

Für 8 Personen

Pain perdu
ARME RITTER

In Frankreich wurde *pain perdu* ursprünglich als Dessert zubereitet, das zur Verwertung von übrig gebliebenem Brot diente, das man nicht verschwenden wollte. Heute machen wir es nur aus einem Grund: Weil es köstlich ist. Verwenden Sie dafür am besten eine gute buttrige Brioche. Fur eine herzhafte Variante mit Frühstücksspeck und Ahornsirup können Sie die Brioche durch Sauerteigbrot ersetzen.

500 ml Milch
1 Prise gemahlener Zimt
60 g Zucker
4 dicke Scheiben altbackene Brioche
   (Die Brioche sollte bereits einige Tage alt sein.)
2 Eier
60 g geklärte Butter
Konfitüre oder Vanilleeis zum Servieren

1 Die Milch mit dem Zimt und 30 g Zucker in einer großen, flachen Schale gründlich verrühren. Die Briochescheiben 2–3 Minuten in der Milchmischung einweichen. In der Zwischenzeit die Eier in eine zweite Schale geben und leicht verquirlen.

2 Eine große Pfanne mit Antihaftbeschichtung bei mittlerer Temperatur erhitzen. Die Hälfte der geklärten Butter und 15 g Zucker hineingeben und erhitzen, bis beides geschmolzen und gut vermischt ist. 2 eingeweichte Briochescheiben in das verquirlte Ei tauchen, sodass sie ringsum überzogen sind, dann 2–3 Minuten pro Seite in der Butter-Zucker-Mischung goldbraun braten. Die Pfanne auswischen und mit den restlichen Zutaten ebenso verfahren. Die Armen Ritter mit Konfitüre oder Vanilleeis servieren.

Für 4 Personen

Crème brûlée
GEBRANNTE VANILLECREME

Ganz gleich, wie groß in einem Restaurant die Dessertauswahl ist – gibt es Crème brûlée, muss ich nicht lange überlegen. Wunderbar sahnige Vanillecreme unter einer knusprigen Karamellkruste – eine Kombination der Konsistenzen, die einfach unschlagbar ist. Im Grunde handelt es sich um ein ganz simples Rezept, das anscheinend jedoch gar nicht so leicht zu meistern ist. Um den Zucker richtig karamellisieren zu können, benötigen Sie entweder einen Crème-brûlée-Brenner (oder einen Bunsenbrenner aus dem Baumarkt) oder ein spezielles Brenneisen. Versuchen Sie es nicht mit dem Backofengrill, das Ergebnis ist nicht überzeugend.

500 g Sahne
1 Vanilleschote, Mark ausgekratzt
5 Eigelb
90 g Zucker

1. Die Sahne mit der Vanilleschote und dem ausgekratzten Mark in einen Topf geben und 10 Minuten bei niedriger Temperatur köcheln lassen. Vom Herd nehmen und 1 Stunde ziehen lassen. Die Sahne durch ein feines Sieb in einen Krug abseihen, die Vanilleschote entfernen und wegwerfen.

2. In einer großen Schüssel die Eigelbe mit 50 g Zucker verrühren, bis sich beides gut verbunden hat. Die Vanillesahne langsam unterrühren, bis die Mischung homogen ist; dabei nicht aufschlagen, da dies unerwünschte Bläschen erzeugt. (Die Eiercreme kann nun mit Frischhaltefolie abgedeckt über Nacht im Kühlschrank aufbewahrt werden, so kann sich der Geschmack entwickeln und vorhandene Luftbläschen lösen sich auf.)

3. Den Backofen auf 120 °C vorheizen.

4. Vier Crème-brûlée-Förmchen oder Auflaufförmchen mit 150 ml Fassungsvermögen in eine hohe ofenfeste Form stellen. Die Vanillecreme gleichmäßig auf die Förmchen verteilen, dann die ofenfeste Form in den Backofen schieben. So viel kochendes Wasser in die Form gießen, dass die Förmchen zur Hälfte im Wasser stehen. Die Vanillecreme 30–45 Minuten im Wasserbad garen, bis sie gerade eben gestockt ist. Die Gardauer ist abhängig von der Höhe der Förmchen – die Vanillecreme sollte in der Mitte noch etwas weich sein.

5. Die Form vorsichtig aus dem Ofen nehmen, die Förmchen aus dem Wasserbad heben und zum Abkühlen beiseitestellen. Nach dem Abkühlen mit Frischhaltefolie abdecken und mindestens 6 Stunden oder über Nacht kalt stellen.

6. Unmittelbar vor dem Servieren die Oberfläche mit jeweils 2 Teelöffeln des restlichen Zuckers bestreuen und mit der Rückseite eines Teelöffels gleichmäßig verteilen. Mit einem Crème-brûlée-Brenner den Zucker schmelzen und karamellisieren. Der Zucker sollte eine kräftige goldbraune Färbung annehmen, dabei jedoch nicht verbrennen. Die fertige Crème brûlée sofort servieren.

Für 4 Personen

Tarte au citron meringuée
ZITRONENTARTE MIT BAISER

Mein Großvater war Patissier, und alles, was er fabrizierte, sah in meinen Kinderaugen so verlockend aus, dass selbst das Schaufenster seiner Konditorei den Anschein erweckte, es wäre essbar! Ich rate Ihnen, den Teig selbst herzustellen – Sie werden den Unterschied schmecken. Dies ist das Lieblingsdessert meiner Mutter (auch wenn sie die Tarte ohne Baiser bevorzugt). Zur Abwechslung können Sie die Creme mit Orange aromatisieren, wobei Sie einen nicht zu geringen Anteil Zitronensaft beibehalten sollten, damit der herrlich säuerliche Kick erhalten bleibt, der so typisch für die Tarte ist.

⅔ der Rezeptmenge süßer Mürbeteig
  (siehe Seite 200)
Weizenmehl zum Bestäuben
Butter für die Form
4 Eiweiß
220 g Zucker

Zitronencreme
150 g Butter, in kleine Stücke geschnitten
6 Eier
180 g Puderzucker, gesiebt
300 ml Zitronensaft, frisch gepresst und abgeseiht

1. Den Teig auf einer leicht bemehlten Arbeitsfläche 4 mm dick ausrollen. Eine Tarteform von 25 cm Durchmesser (mit herausnehmbarem Boden) buttern und mit dem Teig auskleiden. Mit einem kleinen scharfen Messer am Rand überstehenden Teig abschneiden. Den Teigboden mehrmals mit einer Gabel einstechen, dann 1 Stunde kalt stellen.

2. Den Backofen auf 190 °C vorheizen.

3. Den Teig mit einem Stück Backpapier abdecken, mit Backgewichten oder getrockneten Hülsenfrüchten beschweren. Die Kuchenform auf einem Backblech in den Ofen schieben und den Boden 10–15 Minuten blindbacken, bis der Rand eine goldgelbe Färbung angenommen hat.

4. Backpapier und Gewichte oder Bohnen entfernen, die Backofentemperatur auf 180 °C verringern und den Teig weitere 10 Minuten backen, bis der Boden trocken ist. Aus dem Ofen nehmen und abkühlen lassen.

5. Die Backofentemperatur auf 130 °C senken.

6. Für die Zitronencreme die Butter in einem kleinen Topf bei niedriger Temperatur zerlassen. Die Eier und den Puderzucker in eine große hitzefeste Schüssel geben und aufschlagen, bis beides gut vermischt ist. Den Zitronensaft hinzufügen, dann langsam die zerlassene Butter zugießen und unterschlagen. Die Schüssel auf einen Topf mit schwach köchelndem Wasser setzen (der Schüsselboden darf nicht mit dem Wasser in Berührung kommen) und 10 Minuten aufschlagen, bis die Creme eine dickflüssige Konsistenz annimmt.

7. Die Zitronenfüllung auf den abgekühlten Teigboden gießen und etwa 15 Minuten im Ofen backen, bis die Füllung gerade eben gestockt ist. Die Tarte aus dem Ofen nehmen.

8. Die Backofentemperatur auf 220 °C erhöhen.

9. Mit dem elektrischen Handrührgerät die Eiweiße schlagen, bis weiche Spitzen stehen bleiben. Den Zucker nach und nach einrieseln lassen und weiterschlagen, bis ein fester, glänzender Eischnee entstanden ist. In einen Spritzbeutel mit großer Lochtülle füllen und die Tarte mit dem Eischnee dekorieren. (Alternativ den Eischnee mithilfe eines Teigschabers so auf der Zitronenfüllung verteilen, dass unregelmäßige Spitzen entstehen.) Die Tarte 3–4 Minuten backen, bis sich das Baiser goldbraun färbt. Aus dem Ofen nehmen und abkühlen lassen, dann frisch servieren.

Für 8 Personen

Pêche Melba
PFIRSICH MELBA

Dieses Dessert kreierte der berühmte Koch Auguste Escoffier im Jahr 1893 zu Ehren von Nellie Melba, einer gefeierten australischen Opernsängerin. Damals eine extravagante Nachspeise, die man nur im Restaurant bekam, kann Pfirsich Melba mittlerweile auch problemlos zu Hause zubereitet werden – mit fertigem Vanilleeis ist das wirklich ein Kinderspiel. Das Dessert besteht aus einfachen Zutaten, die jedoch unbedingt frisch und von bester Qualität sein müssen – bitte keine Dosenpfirsiche!

150 g Zucker
½ Vanilleschote, Mark ausgekratzt
2 feste, reife Pfirsiche mit gelbem Fruchtfleisch
125 g Himbeeren, plus Himbeeren zum Servieren
300 g Vanilleeiscreme
1 Rezeptmenge Vanillesahne (siehe Seite 201)
50 g Mandelblättchen, geröstet
Minzeblätter zum Servieren

1 Den Zucker mit 500 ml Wasser, dem Vanillemark und der Vanilleschote in einen Topf mit schwerem Boden geben. Bei niedriger Temperatur unter Rühren den Zucker auflösen, dann den Sirup bei mittlerer Hitze zum Kochen bringen.

2 In der Zwischenzeit die Pfirsiche halbieren und die Steine entfernen. Die Pfirsichhälften in den Sirup legen und mit einem passend zugeschnittenen Stück Backpapier bedecken (*cartouche,* siehe Seite 202). Bei milder Hitze 20 Minuten pochieren. Den Topf vom Herd nehmen, die Pfirsiche im Sirup abkühlen lassen, dann kalt stellen. Die Früchte abtropfen lassen, den Sirup auffangen. Die Pfirsichhälften häuten.

3 Die Himbeeren mit 30 ml abgekühltem Sirup im Mixer glatt pürieren. Durch ein feines Sieb in eine Schüssel streichen und bis zur Verwendung kalt stellen.

4 Einige Stunden vor dem Servieren vier Gläser zum Vorkühlen in das Gefriergerät stellen.

5 Zum Servieren in jedes Glas 1 Kugel Vanilleeis setzen und jeweils mit 1 Pfirsichhälfte (mit der Schnittseite nach unten) belegen. Die Pfirsichhälften mit der Himbeersauce *(coulis)* beträufeln und etwas Vanillesahne dazugeben. Das Dessert mit Mandelblättchen, Himbeeren und frischer Minze dekorieren und sofort servieren.

Für 4 Personen

Mousse au chocolat noir
DUNKLE SCHOKOLADENMOUSSE

Dies ist ein Rezept aus meiner Lehrzeit als Koch, und ich habe es seitdem so viele Male zubereitet, dass es sich richtiggehend in mein Gedächtnis eingebrannt hat. Ich könnte es mit geschlossenen Augen zubereiten. Ich serviere die Mousse gern mit *palmiers*, da das knusprige Blätterteiggebäck in Palmenform die perfekte Ergänzung zur seidigen Mousse ist. Bei diesem Rezept kann nichts schiefgehen – vorausgesetzt, Sie haben eine hochwertige Schokolade gekauft. Wenn Sie der Mousse eine feine Orangennote verleihen möchten, geben Sie einfach einen Schluck Cointreau dazu.

250 g dunkle Schokoladenkuvertüre
    (60–70 % Kakaoanteil), gehackt
50 g Butter, in kleine Stücke geschnitten
1 Eigelb
7 Eiweiß
50 g Zucker
100 g dunkle Schokoladenkuvertüre zum Reiben

Palmiers
1 Eigelb
1 Platte Butterblätterteig, aufgetaut
Weizenmehl zum Bestäuben
90 g Puderzucker, plus Puderzucker zum
    Bestäuben

1 Die Kuvertüre mit der Butter in eine hitzefeste Schüssel geben, die auf einem Topf mit schwach köchelndem Wasser steht. Häufig umrühren, bis beides geschmolzen ist und sich miteinander verbunden hat. Die Schüssel vom Topf herunternehmen, dann das Eigelb zugeben und unterziehen.

2 Die Eiweiße mit dem elektrischen Handrührgerät aufschlagen, bis sie schaumig sind. Nach und nach den Zucker einrieseln lassen und mit dem Schlagen fortfahren, bis weiche Spitzen stehen bleiben; die Eiweiße nicht zu lange schlagen, sonst wird die Mousse körnig. Ein Drittel des Eischnees behutsam unter die Schokoladenmischung ziehen, um sie aufzulockern, dann den restlichen Eischnee unterheben, bis eine homogene Masse entstanden ist. Die Mousse in eine Servierschüssel oder in sechs Portionsgläser füllen, mit Frischhaltefolie abdecken und über Nacht kalt stellen.

3 Inzwischen die Palmiers herstellen. Dazu den Backofen auf 180 °C vorheizen.

4 Das Eigelb mit 1 EL Wasser in einer Schüssel verquirlen. Den Blätterteig auf einem leicht bemehlten Schneidebrett ausbreiten. Den Teig mit verquirltem Eigelb bestreichen, dann mit 2 EL Puderzucker übersieben. Die Teigplatte zigarrenförmig aufrollen.

5 Die Teigrolle in 1 cm dicke Scheiben schneiden. Die Arbeitsfläche mit Puderzucker bestäuben, dann eine Teigscheibe darauflegen. Diese ebenfalls mit Puderzucker bestäuben und mit einem Rollholz zu einem lang gestreckten dünnen Oval ausrollen (etwa 8–10 cm lang). Auf ein mit Backpapier bedecktes Blech legen. Mit den restlichen Teigscheiben und dem übrigen Puderzucker ebenso verfahren. Die Palmiers 12–15 Minuten goldgelb backen. Zum Abkühlen auf einen Gitterrost legen. (Ergibt etwa 18 Palmiers. Das Gebäck bleibt in einem luftdicht schließenden Behälter einige Tage frisch.)

6 Zum Servieren die Kuvertüre in der Hand leicht anwärmen, dann über die Mousse reiben. Die Palmiers separat dazu servieren.

Für 6 Personen

Tartelettes aux framboises
HIMBEERTÖRTCHEN

Eins von diesen Törtchen und ein Glas Champagner – besser geht's nicht! Tartes mit Früchten gehören zu den klassisch französischen Köstlichkeiten, an denen es nichts zu verändern oder zu verbessern gibt. Was lässt sich auch an der Kombination von knusprigem Mürbeteig, feiner Vanillecreme und frischen Beeren noch verbessern? Ja, gut, man könnte die Beeren noch glasieren – dazu etwas Beerenkonfitüre erwärmen, durch ein Sieb streichen und noch warm die Himbeeren damit überziehen, sodass sie appetitlich glänzen (siehe Foto).

1 Rezeptmenge süßer Mürbeteig
   (siehe Seite 200)
Weizenmehl zum Bestäuben
Butter für die Förmchen
375 g Himbeeren
Puderzucker zum Bestäuben (nach Belieben)

Vanillecreme
500 ml Milch
1 Vanilleschote, Mark ausgekratzt
6 Eigelb
100 g Zucker
50 g Weizenmehl

1 Für die Vanillecreme die Milch mit dem Vanillemark und der Vanilleschote in einen Topf mit schwerem Boden geben und bei mittlerer Temperatur bis zum Siedepunkt erhitzen, dann vom Herd nehmen. Die Milch durch ein feines Sieb in einen Krug abseihen und etwas abkühlen lassen.

2 Die Eigelbe mit dem Zucker in eine große Schüssel geben und aufschlagen, bis die Mischung schaumig und deutlich heller geworden ist. Das Mehl hinzufügen und unterziehen. Mit der Hälfte der warmen Vanillemilch verrühren, bis sich alles gut verbunden hat, dann die restliche Milch unterrühren. Die Mischung in einen Topf umfüllen und bei niedriger bis mittlerer Temperatur erhitzen, bis sie kocht, dann 2–3 Minuten unter Rühren köcheln lassen, bis die Creme eindickt. Die Vanillecreme in eine kalte Schüssel füllen. Ein Stück Frischhaltefolie direkt auf die Oberfläche legen, was verhindert, dass sich eine Haut bildet. Auf Raumtemperatur abkühlen lassen, dann kalt stellen.

3 Inzwischen den Teig auf einer leicht bemehlten Arbeitsfläche 4 mm dick ausrollen. Sechs Tarteletteförmchen von 12 cm Durchmesser (mit herausnehmbarem Boden) buttern und mit dem Teig auskleiden. Überstehende Teigränder mit einem kleinen scharfen Messer abschneiden. Die Teigböden mehrmals mit einer Gabel einstechen. 1 Stunde kalt stellen.

4 Den Backofen auf 180 °C vorheizen.

5 Die Teigböden mit einem passend zurechtgeschnittenen Stück Backpapier belegen und mit Backgewichten oder getrockneten Hülsenfrüchten beschweren. Die Förmchen auf ein Blech stellen und etwa 15 Minuten blindbacken, bis der Teigrand eine goldgelbe Färbung angenommen hat. Das Backblech aus dem Ofen nehmen, das Backpapier und die Gewichte entfernen, dann die Tartelettes weitere 5 Minuten im Ofen backen, bis auch die Böden goldgelb und trocken sind. Herausnehmen und auf einem Gitterrost vollständig abkühlen lassen.

6 Die Vanillecreme in einen Spritzbeutel mit Lochtülle (1,5 cm) füllen, dann die abgekühlten Teigböden damit füllen. Mit den Himbeeren belegen, falls gewünscht, mit Puderzucker bestäuben und servieren.

Für 6 Personen

Poires Belle Hélène
BIRNE HELENE

Birnen und Schokolade sind eine klassische Kombination, und auch dieses Dessert, kreiert im Jahre 1870, stammt von dem berühmten französischen Koch Auguste Escoffier. Benannt wurde es nach der Operette *La Belle Hélène* (»Die schöne Helena«) von Jacques Offenbach. Es ist das schnellste Dessert der Welt. Die Birnen können Sie bereits zwei Tage im Voraus pochieren und die Sauce in letzter Minute zubereiten. Fast zu einfach.

½ Vanilleschote, Mark ausgekratzt
200 g Zucker
4 Birnen der Sorte Williams Christ
½ Zitrone
150 g dunkle Schokoladenkuvertüre (60–70 % Kakaoanteil), gehackt
300 g Vanilleeiscreme
1 Rezeptmenge Vanillesahne (siehe Seite 201)
20 g Mandelblättchen, geröstet

1 Die Vanilleschote und das ausgekratzte Mark mit 1 l Wasser und dem Zucker in einen Topf geben, der so groß ist, dass die Birnen gerade eben hineinpassen, und bei niedriger Temperatur umrühren, bis sich der Zucker aufgelöst hat. Zum Kochen bringen, dann den Topf vom Herd nehmen.

2 Die Birnen schälen, das Fruchtfleisch unverzüglich mit der Schnittseite der Zitronenhälfte abreiben, damit sich die Birnen nicht braun verfärben. Die Birnen in den Zuckersirup legen, mit einem passend zugeschnittenen Stück Backpapier bedecken (*cartouche,* siehe Seite 202) und bei niedriger Temperatur etwa 20 Minuten sanft garen, bis sie so weich sind, dass sich ein in die Birne gestochener Spieß leicht wieder herausziehen lässt. Den Topf vom Herd nehmen und die Birnen im Sirup abkühlen lassen.

3 Die Birnen aus dem Sirup heben und abtropfen lassen, den Sirup auffangen. Mithilfe eines Teelöffels die Kerngehäuse behutsam entfernen. Dazu den Teelöffel am unteren Ende der Birnen ansetzen, das Kerngehäuse vorsichtig ausstechen und wegwerfen.

4 Für die Schokoladensauce 150 ml vom aufbewahrten Sirup abmessen, in einen kleinen Topf gießen und bis zum Siedepunkt erhitzen. Die Schokolade in eine hitzefeste Schüssel geben, mit dem heißen Sirup übergießen und umrühren, bis die Schokolade geschmolzen ist und sich mit dem Sirup verbunden hat.

5 Zum Servieren jeweils 1 Birne in ein Dessertglas setzen und mit Schokoladensauce überziehen. Eine kleine Kugel Vanilleeis seitlich anrichten und etwas Vanillesahne dekorativ (mithilfe eines Spritzbeutels) aufspritzen. Die Vanillesahne mit Mandelblättchen bestreuen und das Dessert sofort servieren.

Für 4 Personen

Tarte soufflée au chocolat
SCHOKOLADEN-SOUFFLÉ-TARTE

Dieses Rezept gab mir Jeremie Mantellin, ein Freund und ehemaliger Kollege – und ein brillanter Patissier. Die Tarte ist überraschend einfach zuzubereiten. Alles, was man tun muss, ist: Teig herstellen, Schokolade schmelzen, Sabayon aufschlagen, beides zusammenrühren und ab in den Ofen – fertig! Die Füllung geht erst auf, sinkt dann beim Abkühlen wieder in sich zusammen und ist in der Mitte herrlich cremig.

Butter für die Form
1 Rezeptmenge Schokoladenmürbeteig (siehe Seite 201)
Weizenmehl zum Bestäuben
450 g dunkle Schokoladenkuvertüre (60–70 % Kakaoanteil), gehackt
225 g Butter, in kleine Stücke geschnitten
3 Eier
6 Eigelb
150 g Zucker
Crème fraîche zum Servieren

1. Eine Tarteform von 25 cm Durchmesser (mit herausnehmbarem Boden) buttern. Den Teig auf einer leicht bemehlten Arbeitsfläche ausrollen, dabei immer wieder anheben, wenden und die Arbeitsfläche von Neuem bemehlen, bis der Teig 4 mm dick und groß genug ist, um die Form damit auszukleiden. Überstehende Teigränder mit einem kleinen scharfen Messer abschneiden. Den Teigboden mehrmals mit einer Gabel einstechen, dann 30 Minuten kalt stellen.

2. Den Backofen auf 190 °C vorheizen.

3. Den Teig mit Backpapier abdecken, mit Backgewichten oder getrockneten Hülsenfrüchten beschweren und 15 Minuten blindbacken. Die Ofentemperatur auf 180 °C verringern, das Backpapier und die Gewichte entfernen und den Teig noch etwa 5 Minuten weiterbacken, bis der Boden trocken ist.

4. In der Zwischenzeit eine hitzefeste Schüssel auf einen Topf mit schwach köchelndem Wasser stellen. Schokolade und Butter in die Schüssel geben, gelegentlich umrühren, bis beide geschmolzen sind und sich zu einer homogenen Masse verbunden haben; dabei darf der Boden der Schüssel nicht mit dem Wasser in Berührung kommen. Vom Herd nehmen, den Topf mit dem Wasser beiseitestellen (er wird noch gebraucht) und die Schokoladenmischung auf Raumtemperatur abkühlen lassen.

5. Die Eier, die Eigelbe und den Zucker in eine zweite hitzefeste Schüssel geben und auf den Topf mit dem schwach köchelnden Wasser stellen. Mit einem Schneebesen (ein Ballonbesen ist ideal) aufschlagen, bis er in der Creme Spuren hinterlässt, die noch einen Moment sichtbar bleiben. Den Topf vom Herd nehmen, dann die abgekühlte Schokoladenmischung zur Eiercreme geben und sorgfältig unterrühren.

6. Die Schokoladenmasse auf den Teigboden gießen und 18–20 Minuten backen, bis sie gerade eben gestockt ist; die Füllung sollte nicht zu fest und in der Mitte schön cremig sein. Die Tarte auf Raumtemperatur abkühlen lassen, dann mit einem Löffel Crème fraîche servieren.

Für 8 Personen

Îles flottantes
SCHNEE-EIER IN VANILLESAUCE

Diese Klößchen aus Eischnee sollen wie kleine Wölkchen sein, die auf der Zunge zergehen. Ich habe das klassische Rezept leicht abgewandelt und backe sie im Ofen, anstatt sie zu pochieren. Ich verspreche Ihnen, wenn Sie erst einmal eine richtige, selbst gekochte Vanillesauce (*crème anglaise,* siehe Seite 201) probiert haben, werden Sie das Zeug im Tetrapak in Zukunft links liegen lassen.

Pflanzenöl für die Förmchen
6 Eiweiß (etwa 200 g)
180 g Zucker
300 ml Vanillesauce (siehe Seite 201)
50 g Mandelblättchen, geröstet
Puderzucker zum Bestäuben

1. Den Backofen auf 120 °C vorheizen.
2. Sechs Auflaufförmchen mit 200 ml Fassungsvermögen mit Öl auspinseln und beiseitestellen.
3. Mit dem elektrischen Handrührgerät die Eiweiße aufschlagen, bis weiche Spitzen stehen bleiben, dann nach und nach 80 g Zucker einrieseln lassen und mit dem Schlagen fortfahren, bis sich feste Spitzen bilden. Den Eischnee in einen Spritzbeutel mit großer Lochtülle füllen und in die Förmchen spritzen. Die gefüllten Förmchen in eine hohe ofenfeste Form stellen. So viel kochendes Wasser in die Form füllen, dass die Auflaufförmchen zur Hälfte im Wasser stehen. Die Schnee-Eier 15–20 Minuten backen, bis sie leicht gebräunt sind. Vorsichtig aus dem Ofen nehmen und die Auflaufförmchen im Wasserbad abkühlen lassen.
4. In der Zwischenzeit in einem kleinen Topf mit schwerem Boden 50 ml Wasser mit den restlichen 100 g Zucker bei niedriger Temperatur unter Rühren erhitzen, bis sich der Zucker aufgelöst hat. Zum Kochen bringen und 8–10 Minuten köcheln lassen, bis sich ein goldbrauner Karamell bildet. Dabei den Topf gelegentlich vorsichtig schwenken und immer wieder mit einem angefeuchteten Backpinsel den Innenrand des Topfes abstreifen, um Zuckerkristalle aufzulösen, die sich abgelagert haben. Nicht rühren. Vom Herd nehmen und vorsichtig 2 EL kaltes Wasser hinzufügen – Achtung, der Karamell wird spritzen. Zum Vermischen den Topf schwenken, dann zum Abkühlen beiseitestellen.
5. Zum Servieren etwas Karamellsauce in sechs Dessertgläser gießen, dann die Vanillesauce gleichmäßig auf die Gläser verteilen und je ein Schnee-Ei hineinsetzen. Mit Karamellsauce beträufeln, mit Mandelblättchen dekorieren, dann mit Puderzucker bestäuben und sofort servieren. Übrige Karamellsauce in einen Krug füllen, die restlichen Mandelblättchen in eine kleine Schüssel geben und separat servieren.

Für 6 Personen

Riz au lait
CREMIGER MILCHREIS

Vergessen Sie alles, was Sie über Milchreis wissen. Die französische Version, die geschlagene Sahne und *crème anglaise* (Vanillesauce, siehe Seite 201) enthält, ist elegant und cremig. Sie sollte ganz leicht gekühlt serviert werden. Warmer Milchreis erinnert mich einfach zu sehr an Haferbrei. Wenn Sie möchten, können Sie einen hellen Karamell kochen, mit dem Sie die Förmchen ausgießen, bevor Sie den Milchreis einfüllen (wie bei einer *crème caramel*). Zur Abwechslung kann man eine Handvoll Rosinen unter den gegarten Reis mischen, bevor er zum Abkühlen in die Förmchen gefüllt wird.

125 g Rundkornreis
Salz
400 ml Milch
75 g Zucker
50 g Sahne
150 ml Vanillesauce (siehe Seite 201)

1. Den Backofen auf 160 °C vorheizen.

2. Den Reis in ein Sieb füllen und unter fließendem kaltem Wasser abspülen. In einem Topf leicht gesalzenes Wasser zum Kochen bringen, den Reis hinzufügen und 5 Minuten köcheln lassen. Den Reis in ein Sieb abgießen und unter kaltem Wasser abschrecken, um den Garprozess zu unterbrechen.

3. Die Milch mit dem Zucker und 1 Prise Salz in einen ofenfesten Topf füllen und bei mittlerer Temperatur umrühren, bis sich der Zucker aufgelöst hat. Den Reis hinzufügen und weiterrühren, bis die Mischung kocht. Einen Deckel auflegen und den Reis etwa 30 Minuten im Backofen garen, bis er weich ist und die Milch vollständig aufgenommen hat. Den Topf aus dem Ofen nehmen, den Deckel entfernen, den Topf mit einem Küchentuch abdecken und den Reis etwas abkühlen lassen.

4. In der Zwischenzeit die Sahne aufschlagen, bis weiche Spitzen stehen bleiben. Unter die Vanillesauce heben, dann die Mischung unter den Milchreis ziehen. Den Milchreis auf Portionsschalen verteilen und vor dem Servieren etwa 1 Stunde kalt stellen. Leicht gekühlt schmeckt er am besten.

Für 6 Personen

Far breton
FLAN MIT BACKPFLAUMEN

Far ist das bretonische Wort für Mehl, und dieses sehr traditionelle regionaltypische Gericht war ursprünglich zum Füllen hungriger Mägen gedacht. Weil der Flan mit Backpflaumen ziemlich sättigend ist, eignet er sich weniger als Dessert nach einem großen Essen, sondern eher zur nachmittäglichen Kaffee- oder Teestunde.

125 g Butter, plus Butter für die Form
200 g Zucker
1 l Milch
300 g entsteinte Backpflaumen
50 ml brauner Rum
6 Eigelb
250 g Weizenmehl

1 Die Butter mit 100 g Zucker und 750 ml Milch in einen Topf geben und bei niedriger Hitze umrühren, bis die Butter geschmolzen ist. Den Topf vom Herd nehmen, die restliche Milch zugießen und abkühlen lassen.

2 In der Zwischenzeit die Backpflaumen mit dem Rum in eine Schüssel füllen. So viel kochendes Wasser angießen, dass die Pflaumen knapp bedeckt sind, dann 20 Minuten quellen lassen. (Die Backpflaumen quellen besser auf, wenn sie vor dem Einweichen einige Minuten auf niedriger Stufe in der Mikrowelle erhitzt werden.)

3 Den Backofen auf 180 °C vorheizen. Eine runde Auflaufform mit 24 cm Durchmesser ausbuttern.

4 Die Eigelbe mit dem restlichen Zucker in eine Rührschüssel geben und mit dem elektrischen Handrührgerät aufschlagen, bis die Masse dick und schaumig und deutlich heller geworden ist. Das Mehl portionsweise hineinsieben und unterziehen, bis sich die Zutaten verbunden haben, dann die gesüßte Milch unterrühren, sodass ein flüssiger Teig entsteht. Durch ein feines Sieb in einen Krug abseihen.

5 Die Backpflaumen abgießen und mit Küchenpapier trocken tupfen. Die Früchte gleichmäßig auf dem Boden der vorbereiteten Form verteilen und mit dem Teig übergießen. Den Flan etwa 40 Minuten im Ofen backen, bis der Teig goldgelb gefärbt und gerade eben gestockt ist.

6 Den Flan warm oder mit Raumtemperatur servieren.

Für 8 Personen

Café liégeois
EISKAFFEE

Sie können den Eiskaffee zum Dessert servieren, er eignet sich jedoch ebenso gut als süßer Muntermacher am Nachmittag. Ich würde einfach einen Strohhalm hineinstecken und ihn an einem heißen Tag am Pool genießen!

60 g Mascarpone
60 g Sahne
15 g Puderzucker
1 Eigelb
Kaffee- oder Vanilleeis zum Servieren
60 g Spekulatius, zerkrümelt
80 ml Espresso, gekühlt
1 Rezeptmenge Vanillesahne (siehe Seite 201)
Kakaobohnensplitter und Spekulatius zum Servieren (nach Belieben)

Kaffeegranita
20 g Zucker
150 ml heißer Espresso, frisch gekocht
1 EL brauner Rum

1 Zuerst die Kaffeegranita herstellen. Dazu den Zucker mit dem heißen Espresso in eine Schüssel geben und umrühren, bis sich der Zucker aufgelöst hat. Abkühlen lassen, dann mit dem Rum vermischen und in einen flachen Behälter gießen. Die Mischung 3–4 Stunden tiefkühlen, dann mit einer Gabel auflockern, sodass kleine Eiskristalle entstehen, und zurück in das Gefriergerät stellen.

2 In der Zwischenzeit den Mascarpone mit der Sahne, dem Puderzucker und dem Eigelb in eine Schüssel geben und aufschlagen, bis weiche Spitzen stehen bleiben. Bis zur Verwendung kalt stellen. (Am besten gleich alle Zutaten möglichst gut gekühlt verwenden.)

3 Einige Stunden vor dem Servieren sechs hohe Gläser in das Gefriergerät stellen.

4 Zum Servieren in jedes vorgekühlte Glas 2 kleine Kugeln Eiscreme geben. Danach mit einem Löffel Mascarponecreme bedecken, gefolgt von einem Löffel Kaffeegranita und einer kleinen Menge Spekulatiuskrümel. Mit etwas kaltem Espresso beträufeln, zum Schluss einen Löffel Vanillesahne obenauf setzen und diese mit noch etwas Kaffeegranita sowie, falls gewünscht, mit Kakaobohnensplittern und einem Spekulatius dekorieren.

Für 6 Personen

Bavarois à la framboise
BAYERISCHE CREME MIT HIMBEEREN

Köstlich! Auch dieses Dessert habe ich in meiner Lehrzeit als Koch kennengelernt. Als ich die Bayerische Creme zum ersten Mal zu Hause zubereiten wollte, misslang der Versuch kläglich – sie gelierte nicht und zerfloss beim Servieren auf dem Teller. Aber nach ein paar weiteren Anläufen klappte es schließlich und *bavarois à la framboise* **wurde zu meiner Spezialität. Als ich noch in Frankreich lebte, war dies mein Dessert für Familiengeburtstage. Ich serviere gern eine Kugel Himbeersorbet dazu, aber das ist Geschmackssache.**

80 g Zucker
3 Blatt (5 g) Gelatine
250 g Himbeeren
150 g Sahne
Vanillesahne (siehe Seite 201), Minzeblätter und Himbeersorbet
   (nach Belieben) zum Servieren

1 Den Zucker mit 50 ml Wasser in einen kleinen Topf füllen und bei niedriger Temperatur unter Rühren auflösen. Inzwischen die Gelatine mindestens 5 Minuten in kaltem Wasser einweichen, dann herausnehmen und überschüssiges Wasser ausdrücken. Die Gelatine in den heißen Sirup geben und rühren, bis sie sich aufgelöst hat. 150 g Himbeeren hinzufügen und den Topfinhalt im Mixer oder in der Küchenmaschine fein pürieren. Zum Abkühlen beiseitestellen.

2 Die Sahne aufschlagen, bis weiche Spitzen stehen bleiben; die Sahne nicht zu lange schlagen, da die fertige Creme sonst eine körnige Konsistenz erhält. Die geschlagene Sahne behutsam unter die Himbeermischung heben. Die Himbeermischung auf vier Dessertgläser verteilen und etwa 4 Stunden kalt stellen, bis sie geliert ist.

3 Zum Servieren auf jede Portion einen kleinen Löffel Vanillesahne setzen. Mit den restlichen Himbeeren und Minzeblättern dekorieren. Falls gewünscht, dazu Himbeersorbet servieren.

Für 4 Personen

Crêpes Suzette
ORANGEN-CRÊPES

Das wohl berühmteste französische Dessert aller Zeiten. Ich habe es für die heimische Küche etwas vereinfacht. Wenn Sie gern eine Show abziehen (so wie ich), können Sie die Crêpes vor den Augen Ihrer Gäste am Tisch flambieren (aber bitte nicht das Haus dabei abfackeln!). Traditionell wird für die Zubereitung Grand Marnier verwendet, aber natürlich können Sie auch einen anderen Orangenlikör verwenden.

2 Eier
30 g Zucker
360 ml Milch
250 g Weizenmehl
80 g Butter
1 Prise Salz

Orangensauce
2 große Bio-Orangen
180 g Zucker
30 g Butter, in kleine Stücke geschnitten
1 ½ EL Orangenlikör
1 ½ EL Cognac

1. In einer großen Schüssel die Eier mit dem Zucker verquirlen, dann die Milch zugießen. Das Mehl zur Eimischung sieben, dabei ständig weiterschlagen, bis der Teig die Konsistenz von Sahne annimmt.

2. Die Butter in einem kleinen Topf zerlassen, dann 1 EL davon zusammen mit 1 Prise Salz zum Crêpeteig geben.

3. Eine antihaftbeschichtete Pfanne von 20 cm Durchmesser bei mittlerer Temperatur erhitzen, dann 1 TL geschmolzene Butter hineingeben, sodass der Pfannenboden überzogen ist. Eine Schöpfkelle (à etwa 50 g) Crêpeteig in die Pfanne füllen, dabei die Pfanne so neigen, dass sich der Teig überall gleichmäßig verteilt. Etwa 1 Minute backen, bis die Crêpe an den Rändern knusprig wird, sich leicht vom Pfannenrand zurückzieht und auf der Unterseite goldgelb ist. Wenden und nochmals 10–15 Sekunden backen. Auf einen Teller legen und warm halten. Mit der restlichen Butter und dem übrigen Crêpeteig ebenso verfahren; die fertigen Crêpes auf dem Teller aufeinanderstapeln. (Ergibt 12 Crêpes.)

4. Für die Orangensauce die Schale der Orangen mithilfe eines Sparschälers in breiten Streifen abschälen, dann die bittere weiße Innenhaut mit einem kleinen scharfen Messer wegschneiden und wegwerfen. Die Schale in Juliennestreifen (siehe Seite 202) schneiden.

5. Die Schalenstreifen in einen kleinen Topf geben, mit kaltem Wasser bedecken und zum Kochen bringen. Dann die Schale abgießen und den Prozess noch zweimal wiederholen. Die Orangen auspressen, den Saft in einen Krug abseihen; es werden 250 ml benötigt. Die Orangenschale mit 120 g Zucker in eine Schüssel geben und mit den Fingerspitzen miteinander verreiben.

6. Den restlichen Zucker in die noch warme Pfanne streuen, bei mittlerer Temperatur erhitzen, bis er schmilzt und sich goldgelb färbt. Den Orangensaft und die Schalenmischung hinzufügen und umrühren. Die Butter zugeben und die Pfanne schwenken, bis sich die Butter mit der Orangensauce verbunden hat, dann vom Herd nehmen. Die Crêpes nacheinander mithilfe einer Küchenzange einzeln in die Orangensauce legen, zweimal zusammenklappen und mit etwas Sauce beträufeln. Aus der Pfanne nehmen, überschüssige Sauce in die Pfanne abtropfen lassen, die Crêpes auf einen Teller legen. Den Orangenlikör und den Cognac in die Pfanne geben und die Pfanne zum Flambieren vom Herd nehmen.

7. Zum Servieren die Crêpes auf einer Platte anrichten und mit der Sauce übergießen.

Für 6 Personen

Clafoutis aux cerises
CLAFOUTIS MIT KIRSCHEN

Traditionalisten sagen, die Kirschen dürfen nicht entsteint werden, da der Stein für zusätzliches Aroma sorgt. Im Hinblick auf die Gesundheit Ihrer Zähne würde ich aber doch zum Entsteinen raten. Sie können die Milch bereits einen Tag im Voraus mit Vanilleschote und Vanillemark aromatisieren und bis zur Verwendung kalt stellen. Clafoutis ist ein einfaches Dessert – ob es auch ein wirklich gutes Dessert wird, hängt davon ab, ob Sie frische, reife Kirschen verwenden oder tiefgekühlte. Außerdem darf der Teig nicht zu lange backen, sonst wird er gummiartig. Und Clafoutis sollte immer warm serviert werden, niemals kalt.

250 ml Milch
½ Vanilleschote, Mark ausgekratzt
50 g Butter, zerlassen und wieder abgekühlt,
   plus weiche Butter für die Form
4 Eier
125 g Zucker
Salz
80 g Weizenmehl
1 ½ EL Kirschwasser
500 g Kirschen, entsteint
Puderzucker zum Bestäuben

1 Die Milch mit der Vanilleschote und dem ausgekratzten Mark in einen kleinen Topf geben und bei niedriger Temperatur bis zum Siedepunkt erhitzen. Vom Herd nehmen und 1 Stunde ziehen lassen. Die Milch durch ein feines Sieb in einen Krug abseihen und die Vanilleschote wegwerfen.

2 Den Backofen auf 180 °C vorheizen. Eine Auflaufform mit 1,5 l Fassungsvermögen mit der weichen Butter ausstreichen.

3 Die Eier mit dem Zucker und 1 Prise Salz 1–2 Minuten in der Küchenmaschine verrühren. Die zerlassene und wieder abgekühlte Butter und die Milch hinzufügen und gründlich untermischen. Das Mehl auf die Eiermischung sieben, das Kirschwasser zugeben und alles zu einem homogenen Teig verarbeiten. Durch ein feines Sieb in eine Schüssel streichen.

4 Die Kirschen gleichmäßig in der Auflaufform verteilen und vorsichtig mit dem Teig übergießen. Den Clafoutis 25–30 Minuten backen, bis er sich appetitlich goldbraun färbt und gerade eben gestockt ist.

5 Zum Servieren mit Puderzucker bestäuben und sofort auftragen.

Für 6 Personen

Pithiviers
BLÄTTERTEIGTORTE MIT MANDELFÜLLUNG

Dieser wunderbare Kuchen – auch unter dem Namen *galette des rois* bekannt – wird in Frankreich traditionell am 6. Januar zum Fest der Heiligen Drei Könige gegessen. In Frankreich ist es Sitte, eine kleine Figur oder ein Bohnenkern *(la fève)* im Kuchen zu verstecken. Das kleinste Kind wählt für jeden am Tisch ein Stück Kuchen aus, und derjenige, der in seinem Stück das Figürchen findet, bekommt eine (Papier-)Krone aufgesetzt und ist Königin oder König für einen Tag. Der Kuchen ist wirklich einfach zu backen, da man fertigen Blätterteig verwenden kann, den es in guter Qualität im Handel zu kaufen gibt.

50 g weiche Butter
100 g Zucker
100 g gemahlene Mandeln
2 Eier
1 EL Rum oder Cognac
Einige Tropfen Mandelextrakt
2 Platten auf Backpapier aufgerollter Butterblätterteig, aufgetaut
1 Eigelb

1 Mit dem elektrischen Handrührgerät Butter und Zucker cremig rühren. Die gemahlenen Mandeln zugeben, dann die Eier, den Rum und den Mandelextrakt hinzufügen und untermischen. 30 Minuten kalt stellen.

2 Aus einem Stück Blätterteig einen Kreis von 20 cm Durchmesser ausschneiden und auf ein mit Backpapier bedecktes Blech legen. Das Eigelb mit 1 TL Wasser verquirlen. Den Teigrand ringsum mit verquirltem Ei einpinseln. Die Mandelfüllung auf den Blätterteigkreis streichen, dabei einen 3 cm breiten Rand frei lassen. Aus dem zweiten Stück Blätterteig einen Kreis von 23 cm Durchmesser ausschneiden und auf die Füllung legen. Den Teigdeckel behutsam, aber fest andrücken, um eventuell noch vorhandene Lufteinschlüsse zu beseitigen und den Deckel mit dem Teigboden zu verbinden. Mit einem scharfen Messer ein kleines Loch in die Mitte des Teigdeckels schneiden, damit beim Backen Dampf entweichen kann. Die Oberfläche mit dem restlichen verquirlten Ei bestreichen. Den Kuchen 30 Minuten kalt stellen.

3 Den Backofen auf 180 °C vorheizen.

4 Mit einem kleinen scharfen Messer die Teigoberfläche stern- oder spiralförmig einritzen, den Teig dabei jedoch nicht vollständig durchstechen. Den Kuchen 30–35 Minuten backen, bis der Teig eine goldbraune Färbung angenommen hat und schön aufgegangen ist.

5 Warm oder mit Raumtemperatur servieren.

Für 6 Personen

Tarte aux poires Bourdaloue
BIRNEN-MANDEL-TARTE

Diese Tarte beweist, dass ein Rezept nicht kompliziert sein muss, um ein umwerfendes Ergebnis hervorzubringen. Die Kombination von Birne und Mandel ist schlicht und einfach genial – und ich verrate Ihnen etwas: Es stört mich nicht, wenn Sie hier Birnen aus der Dose nehmen. Tatsächlich ist dies das einzige Dosenobst, dessen Verwendung ich Ihnen überhaupt erlaube!

1 Rezeptmenge süßer Mürbeteig (siehe Seite 200)
Weizenmehl zum Bestäuben
50 g weiche Butter, plus Butter für die Form
100 g Zucker
100 g gemahlene Mandeln
2 Eier
1 EL Rum oder Cognac
1 TL Mandelextrakt
1 Dose (790 g) Birnenhälften in Sirup, abgetropft, trocken getupft und längs halbiert
Crème fraîche oder Schlagsahne zum Servieren (nach Belieben)

1 Eine Tarteform mit 25 cm Durchmesser (mit herausnehmbarem Boden) buttern. Den Teig auf einer leicht bemehlten Arbeitsfläche 4 mm dick ausrollen, dann die Form damit auskleiden. Überstehende Teigränder mit einem kleinen scharfen Messer abschneiden. Den Teig 30 Minuten kalt stellen.

2 Den Backofen auf 160 °C vorheizen.

3 Die Butter mit dem Zucker in eine Schüssel geben und mit dem elektrischen Handrührgerät cremig rühren, bis eine lockere und deutlich hellere Masse entstanden ist. Die gemahlenen Mandeln unterrühren, dann die Eier, den Rum sowie den Mandelextrakt hinzufügen und alles gründlich vermischen. Die Mandelmasse auf den Teigboden streichen und die Oberfläche glätten. Die Birnenviertel mit der Schnittseite nach unten auf ein Schneidebrett legen und die Viertel im Abstand von 5 mm quer einschneiden, dabei jedoch das Fruchtfleisch nicht vollständig durchtrennen. Die Birnenviertel mithilfe eines Teigschabers dekorativ auf der Mandelfüllung anordnen (siehe Foto).

4 Die Tarte 35–40 Minuten im Ofen backen, bis der Teig und die Füllung eine appetitlich goldbraune Färbung angenommen haben. Warm oder mit Raumtemperatur servieren, nach Belieben Crème fraîche oder Schlagsahne dazu reichen. Am selben Tag verzehren.

Für 6 Personen

Soupe de fruits rouges et son sorbet au yaourt

KÜHLE BEERENSUPPE MIT JOGHURTSORBET

Ich nenne dieses Dessert auch »Sommer in der Suppenschale«, weil dafür die frischen Beeren verwendet werden, wenn sie gerade Saison haben – tiefgefrorene besitzen einfach nicht denselben frischen Geschmack. Rotwein verstärkt das beerige Aroma auf subtile Weise, und das säuerliche Joghurtsorbet ist einfach nur köstlich – und noch dazu leicht zuzubereiten. Kinder lieben dieses Dessert genauso wie Erwachsene – für sie sollte man allerdings den Rotwein durch Fruchtsaft ersetzen.

100 g Erdbeeren, geputzt und halbiert oder geviertelt
100 g Himbeeren
100 g Brombeeren
100 g Heidelbeeren
200 ml leichter Rotwein (wie Pinot noir)
50 g Zucker
1 Vanilleschote, Mark ausgekratzt
Gemischte Beeren zum Servieren

Joghurtsorbet
150 g Zucker
150 g Glukosesirup (siehe Seite 202)
750 g griechischer Sahnejoghurt

1 Zuerst das Joghurtsorbet herstellen. Dazu den Zucker mit dem Glukosesirup und 300 ml Wasser in einen kleinen Topf füllen und bei mittlerer Temperatur zum Kochen bringen, dabei häufig umrühren, bis sich der Zucker aufgelöst hat und ein homogener Sirup entstanden ist. Vom Herd nehmen und abkühlen lassen, dann kalt stellen, bis der Sirup gut durchgekühlt ist.

2 Den Joghurt in eine große Schüssel geben, mit dem gekühlten Sirup verrühren, dann die Masse nach den Anweisungen des Herstellers in der Eismaschine gefrieren. (Ergibt etwa 1 l. Das Sorbet ist 6 Wochen im Gefriergerät haltbar.)

3 Die Hälfte der Beeren in eine Schüssel füllen und mit der Rückseite eines großen Löffels gründlich zerdrücken. Die restlichen ganzen Beeren, den Rotwein, den Zucker und das Vanillemark hinzufügen und alles gut vermischen. 2 Stunden ziehen lassen, dabei gelegentlich umrühren. Im Mixer fein pürieren.

4 Zum Servieren die Beerensuppe in Portionsschalen schöpfen, in die Mitte eine *quenelle* (ein eiförmig abgestochenes Klößchen, siehe Seite 202) Joghurtsorbet platzieren und mit den gemischten Beeren dekorieren.

Für 4 Personen

Pâte brisée
MÜRBETEIG

250 g Weizenmehl
1 große Prise feines Meersalz
1 Eigelb
125 g Butter, in kleine Stücke geschnitten und raumtemperiert

Das Mehl mit dem Salz in eine große Schüssel sieben, eine Mulde in die Mitte drücken. Das Eigelb, die Butter und 50 ml kaltes Wasser hineingeben und mit den Fingerspitzen alles vermischen, bis ein krümeliger Teig entsteht; er muss nicht perfekt sein.

Den Teig auf eine leicht bemehlte Arbeitsfläche geben, rasch mit dem Handballen durchkneten, sodass sich alles verbindet. (Der Teig verträgt es eher, wenn er nicht perfekt verknetet wird, als dass man ihn zu lange bearbeitet; außerdem muss man schnell zu Werke gehen, da sonst die Butter schmilzt.) Den Teig zu einer Scheibe formen, in Frischhaltefolie wickeln und vor der Verwendung 1 Stunde kalt stellen.

Ausreichend für eine Backform von 30 cm Durchmesser

Pâte sablée
SÜSSER MÜRBETEIG

125 g Butter, in kleine Stücke geschnitten und raumtemperiert
1 Ei
90 g Puderzucker, gesiebt
30 g gemahlene Mandeln
250 g Weizenmehl, gesiebt

Die Butter mit dem Ei, dem Puderzucker und den gemahlenen Mandeln in eine Schüssel geben und mit dem elektrischen Handrührgerät verrühren, bis sich alle Zutaten verbunden haben.

Das Mehl portionsweise hinzufügen und sofort mit dem Rühren aufhören, wenn die letzte Portion Mehl gerade eben untergemischt ist. Den Teig zu einer Scheibe formen, in Frischhaltefolie wickeln und über Nacht kalt stellen. 30 Minuten vor der Weiterverwendung aus dem Kühlschrank nehmen.

Ausreichend für eine Backform von 30 cm Durchmesser

Pâte sablée au chocolat
SCHOKOLADEN-MÜRBETEIG

150 g Weizenmehl
100 g Kakaopulver
125 g Butter, in kleine Stücke geschnitten, raumtemperiert
1 Ei
90 g Puderzucker, gesiebt
30 g gemahlene Mandeln

Das Mehl mit dem Kakaopulver in eine Schüssel sieben und mischen.

Mit dem elektrischen Handrührgerät (oder einem Rührlöffel) die Butter mit dem Ei, dem Puderzucker und den gemahlenen Mandeln glatt rühren. Nach und nach die Mehl-Kakao-Mischung zugeben; sobald sich die Zutaten zu einem Teig verbinden, sofort mit dem Rühren aufhören. Den Teig nicht zu lange bearbeiten, sonst wird er nach dem Backen hart.

Den Teig zu einer Scheibe formen, in Frischhaltefolie wickeln und bis zur Weiterverwendung mindestens 12 Stunden kalt stellen. 30 Minuten vor der Weiterverwendung aus dem Kühlschrank nehmen.

Ausreichend für eine Backform von 30 cm Durchmesser

Crème Chantilly
VANILLESAHNE

100 g Schlagsahne (mindestens 30 % Fettgehalt)
½ Vanilleschote, Mark ausgekratzt
20 g Zucker

Die Sahne mit dem Vanillemark und dem Zucker in eine Schüssel geben. Die Sahne aufschlagen, bis weiche Spitzen stehen bleiben. (Nicht zu lange schlagen, sonst gibt's Butter!)

Ergibt etwa 250 ml

Crème anglaise
VANILLESAUCE

500 ml Milch
1 Vanilleschote, Mark ausgekratzt
Eiswürfel
6 Eigelb
125 g Zucker

In einem Topf mit schwerem Boden die Milch mit der Vanilleschote und dem ausgekratzten Mark bei mittlerer Temperatur bis zum Siedepunkt erhitzen, dann vom Herd nehmen und 30 Minuten ziehen lassen.

Ein feines Sieb auf eine Schüssel setzen, die Schüssel in eine größere Schüssel mit Eiswürfeln stellen.

Die Eigelbe mit dem Zucker in eine große Schüssel geben und mit einem Schneebesen aufschlagen, bis die Masse schaumig und deutlich heller geworden ist. Unter ständigem Rühren die warme Milch nach und nach langsam zugießen, dann die Mischung zurück in den Topf gießen und 10 Minuten bei niedriger Temperatur erhitzen, bis sie so weit eingedickt ist, dass sie die Rückseite eines Kochlöffels deckend überzieht. Die Eiercreme darf nicht mehr als 80 °C auf einem Küchenthermometer (siehe Seite 202) erreichen, sonst stockt das Eigelb. Die Sauce durch das vorbereitete Sieb in die Schüssel streichen, die im Eiswasser steht, und 1–2 Minuten schlagen, damit sie schnell abkühlt.

Die Vanillesauce vollständig abkühlen lassen, dabei gelegentlich umrühren. (Die Vanillesauce lässt sich in einem luftdicht schließenden Behälter im Kühlschrank kurze Zeit aufbewahren.)

Ergibt etwa 650 ml

Süße Grundzubereitungen

GLOSSAR

BOUQUET GARNI
Ein Kräutersträußchen (üblicherweise bestehend aus Petersilie, Thymian und einem Lorbeerblatt, enthält gelegentlich auch Zitronen- oder Orangenschale), zusammengebunden mit Küchengarn und zum Aromatisieren von Suppen, Schmorgerichten oder Fonds verwendet. Mein Bouquet garni besteht aus zwei Thymianzweigen und einem frischen Lorbeerblatt, in einen Streifen Lauch gewickelt und mit Küchengarn zusammengebunden.

CARTOUCHE
Ein Stück Backpapier, das passgenau zugeschnitten wird, um ein Schmorgericht oder gedünstetes Gemüse abzudecken, damit es beim Garen nicht austrocknet.

FLEUR DE SEL
Wörtlich übersetzt »Salzblüte«. Ein naturbelassenes mineralreiches Meersalz, das in feinen Kristallen von Hand abgeschöpft wird.

GLUKOSESIRUP
Ein Einfachzucker (Monosaccharid) in Sirupform, gewöhnlich in gewerblichen Küchen bei der Zubereitung von Eiscreme, Sorbet und Süßwaren anstelle von Zucker verwendet. Ersetzt in Rezepten häufig einen Teil des weißen Zuckers (Raffinadezucker).

KÜCHENTHERMOMETER
Wird vor allem bei der Herstellung von Konfitüren und Süßigkeiten auf Zuckerbasis verwendet, um die verschiedenen Zuckerkochgrade von Sirup bis Karamell kontrollieren zu können. Dient auch zum Messen der Öltemperatur beim Frittieren.

JULIENNE
Feine Streifen von Gemüse oder anderen Lebensmitteln, etwa streichholzgroß geschnitten.

LARDONS
Kleine Speckwürfel oder -streifen. Als Salatgarnitur verwendet oder zum Spicken größerer Fleischstücke, damit sie beim Braten nicht austrocknen.

PIMENT D'ESPELETTE
Tiefrotes Chilipulver, das im französischen Baskenland produziert wird und nach der Stadt Espelette benannt ist.

QUATRE-ÉPICES
Eine Mischung aus vier Gewürzen, gewöhnlich Pfeffer (8 Teile), Muskatnuss (2 Teile), gemahlener Ingwer (1 Teil) und Gewürznelke (1 Teil), die gern zum Aromatisieren von Schmorgerichten, Würsten und Terrinen verwendet wird. Sie können die Mischung selbst zusammenstellen oder im Fachhandel kaufen.

QUENELLE
Traditionell aus gehacktem Fisch oder Fleisch hergestellt, gewürzt und mit Ei gebunden, zu einem ovalen Klößchen geformt und in Fond oder Wasser pochiert. Heute wird der Begriff auch für weiche Zubereitungen aller Art verwendet, die mithilfe von zwei Löffeln in eine eiartige Form gebracht werden.

SCHWEINENETZ
Die netzartige fettreiche Schicht, die die inneren Organe von Schweinen, aber auch von Kühen und Schafen umgibt. Sie verleiht Bratenstücken oder Terrinen zusätzlichen Geschmack und dient während des Garens als Schutzmantel. Bei guten Metzgern auf Vorbestellung erhältlich.

SCHWIMMKRABBEN VORBEREITEN
Die Krabben in reichlich sprudelnd kochendem Wasser töten, dann abtropfen und abkühlen lassen. Eine Krabbe mit dem Kopf nach unten festhalten, dann die Schwanzplatte (»Schürze«) anheben und ein kleines Messer unter den oberen Panzer einführen. Das Messer so bewegen, dass sich der obere Panzer lockert und abnehmen lässt, dann die grauen Kiemen herauslösen und wegwerfen. Den Corail nicht entfernen, da er sehr aromatisch ist. Mithilfe eines Küchenbeils oder eines großen scharfen Messers die Krabben in jeweils 8 Teile schneiden, dann nach den Anweisungen im Rezept fortfahren.

SPECK, GRÜNER
Fetter Speck vom Rücken des Schweins, ungepökelt und ungeräuchert. Zum Spicken oder Umwickeln von mageren Fleischstücken oder für Terrinen. Am besten beim Metzger vorbestellen.

TOMATEN ENTHÄUTEN
Die Tomaten auf der Unterseite mit einem scharfen Messer kreuzförmig einritzen. Mit kochendem Wasser übergießen. Nach 30 Sekunden herausnehmen und abschrecken. Jetzt lässt sich die Haut ganz leicht abziehen.

ZITRONEN FILETIEREN
Zum Filetieren die Schale und die bittere weiße Innenhaut mit einem scharfen Messer abschneiden, dann das Fruchtfleisch zwischen den Trennhäuten herauslösen, die Trennhäute wegwerfen.

DANK

Mit diesem Buch ist für mich ein lang gehegter Wunsch in Erfüllung gegangen, und nun möchte ich auch einigen Menschen danken, die mir auf die ein oder andere Art auf meinem Weg zur Seite gestanden haben.

Zuerst möchte ich mich beim ganzen Penguin-Team bedanken: bei meiner Verlegerin Julie Gibbs für ihren Glauben an und ihre Vision von meinem Buch; bei der Cheflektorin Ingrid Ohlsson, die mir eine große Unterstützung und Hilfe war; bei Kathleen Gandy für die Redaktion und bei Kirby Armstrong für das wundervolle Design. Ein Dankeschön geht an Loanno Kitchen, die meine Worte in Form gebracht und meine Geschichte erzählt hat, und an Christine Osmond für das Testen der Rezepte. Ebenfalls vielen Dank an Nicole Abadee und Arielle Gamble.

Ein riesiges Dankeschön geht an das hervorragende Team, dass mir dabei geholfen hat, die Bilder aufs Papier zu bringen – »The Manuettes«. Chris Chen, deine Fotos sind perfekt. Ich sage Geraldine Muñoz danke für das Styling und dafür, dass mein Buch so aussieht, wie ich es wollte, und Megan Pigott für ihr kreatives Auge und ihre Liebe zu allem, was Schokolade heißt!

Ich danke Alban Badet für die Unterstützung beim Verfassen der Rezepte und beim Zubereiten der Gerichte fürs Fotografieren – ohne dich hätte ich das nicht geschafft, Kumpel!

Ich danke Natalie Street, die zur rechten Zeit in meinem hektischen Leben auftauchte – was soll ich sagen? Natalie ist die Person, die sich jeder viel beschäftigte Mensch nur wünschen kann; nichts von alledem hätte ich ohne sie fertiggebracht, außerdem ist sie eine großartige Freundin.

Mein Dank geht auch an meine Agentin Justine May, die mein Talent entdeckt und an mich geglaubt hat – und die immer noch an mich glaubt.

Vielen Dank an Yannick Besnard und Michele Guai, meine Geschäftspartner im *L'étoile,* für ihr Verständnis und ihre Unterstützung. Ich danke meinem brillanten Küchenchef Troy und dem gesamten Team im *L'étoile:* Ihr haltet das Restaurant am Laufen, wenn ich nicht dort sein kann.

An meine Freunde hier und auf der ganzen Welt: Danke, dass ihr immer für mich da seid und mir eure Unterstützung und einen Drink anbietet, wenn es nötig ist!

Außerdem danke ich Ronnie: dafür, dass du im Laufe meiner Karriere mit mir durch dick und dünn gegangen bist – ohne deine Hilfe wäre ich nicht da, wo ich heute bin.

Bei den folgenden Personen und Firmen möchte ich mich für die großzügige Bereitstellung der Requisiten für die Fotos bedanken: bei Sally Beresford, Bisanna Tiles, Bison Home, Bridget Bodenham, Dinosaur Designs, Malcolm Greenwood, Ici et Là, Mud Australia, Perfect Pieces und Peter's of Kensington.

Und nun zu meiner Familie: *Maman,* du hast mich und meine Ziele immer unterstützt. Dir verdanke ich viel mehr als nur meine kulinarische Erziehung. Du hast mir die Inspiration für dieses Buch geschenkt.

Merci à mon père – du hast mein Interesse an der Gastronomie geweckt und mir den ersten Job in einer Restaurantküche gegeben. Dafür bin ich dir immer dankbar.

Und *last, but not least,* ein Dankeschön an meinen Sohn Jonti – du bist der Grund für alles, was ich tue. Du gibst mir jeden Tag Energie und Inspiration. Ich liebe dich!

REGISTER

A

Aile de raie aux câpres 93
Aïoli 27
Äpfel
　Die Tarte Tatin meiner Mutter 164
　Sellerie-Apfel-Salat 29
Arme Ritter 167
Aufläufe
　Blumenkohlgratin 144
　Chicoréegratin mit gekochtem Schinken 132
　Gratin mit Hackfleisch mit Kartoffelpüree 112
　Kartoffelgratin 144

B

Backpflaumen
　Flan mit Backpflaumen 185
　Schweinerollbraten mit Backpflaumen nach Art von Mutter Badet 126
Bavarois à la framboise 188
Bavette à l'échalote 107
Bayerische Creme mit Himbeeren 188
Béarnaiser Sauce 96
Béchamelsauce 98
Beeren
　Bayerische Creme mit Himbeeren 188
　Himbeertörtchen 176
　Himbeervinaigrette 26
　Kühle Beerensuppe mit Joghurtsorbet 198
Birnen
　Birne Helene 178
　Birnen-Mandel-Tarte 196
Bisque de crabe 99
Blanquette de veau 118
Blätterteigtorte mit Mandelfüllung 195
Blumenkohl
　Blumenkohlgratin 144
　Die Blumenkohlsuppe meiner Mutter 56
Bordelaiser Rotweinsauce 98
Boudin de Saint-Jacques et bisque de crustacés 78
Boudin von der Jakobsmuschel mit Krustentiersauce 78
Bouillabaisse 77
Brandade de morue 92
Bries
　Kalbsbries-Töpfchen 36

Brunnenkresse
　Brunnenkressesuppe 63
　Kartoffelsalat mit Räucherforelle und Brunnenkresse 24

C

Cabillaud à la grenobloise 94
Café liégeois 187
Cailles aux raisins 156
Carbonara de truite de mer fumée 87
Carré d'agneau persillé 136
Cassolettes de ris de veau aux morilles 36
Cassolettes de moules au safran 42
Céleri rémoulade 29
Champignoncremesuppe 53
Chicorée
　Chicoréegratin mit gekochtem Schinken 132
　Chicoréesalat mit Walnüssen und Roquefort 19
Choron-Sauce 97
Choucroute de la mer 72
Clafoutis aux cerises 192
Clafoutis mit Kirschen 192
Confit de canard 154
Côtes de porc charcutière 125
Côtes de porc dijonnaise 130
Court-Bouillon 93
Crème anglaise 201
Crème brûlée 168
Crème Chantilly 201
Crème de céleri 57
Crème de champignons 53
Crème de chou-fleur de maman 56
Crème de petits pois 56
Cremes
　Bayerische Creme mit Himbeeren 188
　Vanillecreme 175
　Zitronencreme 171
Crêpes Suzette 191
Croque monsieur 44
Croûtons 94

D

Daurade en croûte de sel 84
Desserts
　Arme Ritter 167
　Bayerische Creme mit Himbeeren 188
　Cremiger Milchreis 184

　Clafoutis mit Kirschen 192
　Dunkle Schokoladenmousse 175
　Eiskaffee 187
　Flan mit Backpflaumen 185
　Gebrannte Vanillecreme 168
　Kühle Beerensuppe mit Joghurtsorbet 198
　Orangen-Crêpes 191
　Pfirsich Melba 172
　Schnee-Eier in Vanillesauce 182

E

Eier
　Hacksteak mit Spiegelei 111
　Orangen-Crêpes 191
　Spinateier im Töpfchen 31
Eiskaffee 187
Ente
　Entenbrust mit Pfeffersauce 153
　Entenconfit 154
Erbsensuppe 56
Escalope de veau viennoise 121
Escalope de veau à la normande 124

F

Far breton 185
Fisch
　Fischfilet mit Zitronen-Kapern-Butter und Croûtons 94
　Fischfond 49
　Fischsuppe aus Marseille 77
　Goldbrasse in der Salzkruste 84
　Klippfisch-Kartoffel-Püree 92
　Lachs mit Sauerampfersauce 83
　Marinierte Makrelen 75
　Regenbogenforelle mit Mandelbutter 80
　Rochen mit Kapernbutter 93
　Seezunge mit Zitronenbutter 88
　Wittling und Estragongemüse in der Folie 91
Flan de courgettes 143
Flan mit Backpflaumen 185
Fond
　Dunkler Geflügelfond 48
　Dunkler Kalbsfond 49
　Fischfond 49
　Gemüsefond 49
　Heller Geflügelfond 48

Fond blanc de volaille 48
Fond brun de veau 49
Fond brun de volaille 48
Forelle
    Kartoffelsalat mit Räucherforelle und Brunnenkresse 24
    Nudeln mit geräucherter Meerforelle 87
    Regenbogenforelle mit Mandelbutter 80
Französische Zwiebelsuppe 59
Friséesalat mit Hühnerleber und Speck 23
Fumet de poisson 40

G

Gebrannte Vanillecreme 168
Geflügel
    Das Estragonhuhn meiner Mutter 146
    Dunkler Geflügelfond 48
    Entenbrust mit Pfeffersauce 153
    Entenconfit 154
    Hähnchenschmortopf auf baskische Art 149
    Heller Geflügelfond 48
    Pochiertes Huhn mit Gemüse 150
    Wachteln mit Rosinen 156
Gefüllte Tomaten 129
Gemüsefond 49
Gigot d'agneau braisé 140
Glace 48
Goldbrasse in der Salzkruste 84
Granita
    Kaffeegranita 187
Gratin d'endives au jambon 132
Gratin dauphinois 144
Gratin de chou-fleur 144
Gratins
    Blumenkohlgratin 144
    Chicoréegratin mit gekochtem Schinken 132
    Gratin mit Hackfleisch mit Kartoffelpüree 112
    Kartoffelgratin 144
Grüne Bohnen mit Morchelbutter 142
Gurkensalat mit Crème-fraîche-Dressing 14

H

Hachis parmentier 112
Hackfleisch
    Gefüllte Tomaten 129
    Gratin mit Hackfleisch mit Kartoffelpüree 112
    Hacksteak mit Spiegelei 111
Hähnchenschmortopf auf baskische Art 149
Haricots verts au beurre de morilles 142

Himbeeren
    Bayerische Creme mit Himbeeren 188
    Himbeertörtchen 176
    Himbeervinaigrette 26
Holländische Sauce 97
Homard à l'armoricaine 70
Huhn
    Das Estragonhuhn meiner Mutter 146
    Pochiertes Huhn mit Gemüse 150
Hummer auf bretonische Art 70

I

Îles flottantes 182
Innereien
    Friséesalat mit Hühnerleber und Speck 23
    Kalbsbries-Töpfchen 36

J

Jarret de veau braisé au vin rouge 123
Joghurtsorbet 198
Joues de boeuf bourguignon 102

K

Kaffeegranita 187
Kalbfleisch
    Feines Kalbsragout 118
    In Rotwein geschmorte Kalbshachsen 123
    Kalbsbries-Töpfchen 36
    Kalbsschnitzel mit Pilzrahmsauce 124
    Wiener Schnitzel 121
Kaninchen
    Geschmortes Kaninchen mit Speck und Pilzen 159
    Kaninchenterrine 39
    Schmorkaninchen in Senfsauce 160
Kartoffeln
    Kartoffelgratin 144
    Kartoffelkrapfen 143
    Kartoffelsalat auf französische Art 16
    Kartoffelsalat mit Räucherforelle und Brunnenkresse 24
    Klippfisch-Kartoffel-Püree 92
    Lauch-Kartoffel-Suppe 50
Käse
    Blumenkohlgratin 144
    Chicoréesalat mit Walnüssen und Roquefort 19
    Die Quiche lorraine meiner Mutter 32
    Französische Zwiebelsuppe 59
    Schinken-Käse-Toast 44
    Steak mit Roquefortsauce 105
Kirschen
    Clafoutis mit Kirschen 192
Klippfisch-Kartoffel-Püree 92

Knoblauchmayonnaise 27
Knoblauchmayonnaise mit gerösteter Paprika 27
Krebsbisque 99
Kuchen und Torten
    Birnen-Mandel-Tarte 196
    Blätterteigtorte mit Mandelfüllung 195
    Clafoutis mit Kirschen 192
    Die Tarte Tatin meiner Mutter 164
    Himbeertörtchen 176
    Schokoladen-Soufflé-Tarte 181
    Zitronentarte mit Baiser 171

L

Lachs mit Sauerampfersauce 83
Lamm
    Geschmorte Lammkeule 140
    Lammkarree mit Kräuterkruste 136
    Lammragout 139
Lapin à la moutarde 160
Lapin chasseur 159
Lauch
    Junger Lauch mit Trüffelvinaigrette 40
    Lauch-Kartoffel-Suppe 50
Linsen
    Gepökelte Schweinshachse mit grünen Linsen 135
    Linsensuppe mit Speck 60

M

Magret de canard au poivre vert 153
Mandeln
    Birnen-Mandel-Tarte 196
    Blätterteigtorte mit Mandelfüllung 195
    Regenbogenforelle mit Mandelbutter 80
Maquereaux à l'escabèche 75
Marinierte Makrelen 75
Mayonnaise 27
    Knoblauchmayonnaise 27
    Knoblauchmayonnaise mit gerösteter Paprika 27
Meeresfrüchte
    Boudin von der Jakobsmuschel mit Krustentiersauce 78
    Fischsuppe aus Marseille 77
    Hummer auf bretonische Art 70
    Krebsbisque 99
    Sauerkrautplatte mit Meeresfrüchten 72
Merlan en papillote et légumes parfumés à l'estragon 91
Morcheln
    Grüne Bohnen mit Morchelbutter 142
    Kalbsbries-Töpfchen 36
Mouclade 69
Moules marinière 66
Mousse au chocolat noir 175

Mürbeteig 200
   Schokoladenmürbeteig 201
   Süßer Mürbeteig 200
Muscheln
   Bondin von der Jakobsmuschel mit Krustentiersauce 78
   Muscheln in Safransauce 69
   Muscheln in Weißwein 66
   Muscheltöpfchen mit Safran 42
   Sauerkrautplatte mit Meeresfrüchten 72

N

Nage de légumes 49
Navarin d'agneau 139
Nizza-Salat 20
Nudeln mit geräucherter Meerforelle 87

O

Ochsenbäckchen auf Burgunder Art 102
Oeufs en cocotte à la florentine 31
Orangen-Crêpes 191

P

Pain perdu 167
Palmiers 175
Paprikaschoten
   Hähnchenschmortopf auf baskische Art 149
   Knoblauchmayonnaise mit gerösteter Paprika 27
   Zwiebel-Paprika-Tarte mit Sardellen 35
Pâte brisée 200
Pâte sablée 200
Pâte sablée au chocolat 201
Pêche Melba 172
Petit salé aux lentilles 135
Pfeffersteak 106
Pfirsich Melba 172
Pilawreis 142
Pilze
   Champignoncremesuppe 53
   Geschmortes Kaninchen mit Speck und Pilzen 159
   Grüne Bohnen mit Morchelbutter 142
   Kalbsbries-Töpfchen 36
   Kalbsschnitzel mit Pilzrahmsauce 124
Pissaladière 35
Pithiviers 195
Pochiertes Huhn mit Gemüse 150
Pochiertes Rindfleisch in Brühe 114
Poireaux à la vinaigrette de truffe 40
Poires Belle Hélène 178
Pommes dauphines 143
Pot-au-feu 114
Potage cressonnière 63

Poule au pot 150
Poulet à la basquaise 149
Poulet rôti à l'estragon de maman 146
Provenzalische Tomaten 142

Q

Quiche lorraine de ma maman 32
Quiches und Tartes
   Die Quiche lorraine meiner Mutter 32
   Zwiebel-Paprika-Tarte mit Sardellen 35

R

Ragouts
   Feines Kalbsragout 118
   Lammragout 139
   Ochsenbäckchen auf Burgunder Art 102
Räucherfisch
   Kartoffelsalat mit Räucherforelle und Brunnenkresse 24
   Nudeln mit geräucherter Meerforelle 87
Reis
   Cremiger Milchreis 184
   Pilawreis 142
Regenbogenforelle mit Mandelbutter 80
Rillette vom Schwein 28
Rillettes de porc 28
Rindfleisch
   Ochsenbäckchen auf Burgunder Art 102
   Pfeffersteak 106
   Pochiertes Rindfleisch in Brühe 114
   Roastbeef 117
   Steak mit Roquefortsauce 105
   Steak mit Schalotten 107
Riz au lait 184
Riz pilaf 142
Roastbeef 117
Rochen mit Kapernbutter 93
Roquefort
   Chicoréesalat mit Walnüssen und Roquefort 19
   Steak mit Roquefortsauce 105
Rosinen
   Wachteln mit Rosinen 156
Rote Buttersauce 96
Rôti de boeuf 117
Rôti de porc aux pruneaux 'façon mère Badet' 126
Rouille 27

S

Safran
   Fischsuppe aus Marseille 77
   Muscheln in Safransauce 69
   Muscheltöpfchen mit Safran 42

Salade d'endive aux noix et roquefort 19
Salade de concombre à la crème fraîche 14
Salade de foies de volaille et lardons 23
Salade de truite fumée, pommes de terre nouvelles et cresson 24
Salade niçoise 20
Salade piémontaise 16
Salate
   Chicoréesalat mit Walnüssen und Roquefort 19
   Friséesalat mit Hühnerleber und Speck 23
   Gurkensalat mit Crème-fraîche-Dressing 14
   Kartoffelsalat auf französische Art 16
   Kartoffelsalat mit Räucherforelle und Brunnenkresse 24
   Nizza-Salat 20
   Sellerie-Apfel-Salat 29
Sardellen
   Nizza-Salat 20
   Zwiebel-Paprika-Tarte mit Sardellen 35
Sauce béarnaise 96
Sauce béchamel 98
Sauce bordelaise 98
Sauce Choron 97
Sauce de beurre blanc 96
Sauce hollandaise 97
Saucen
   Béarnaiser Sauce 96
   Béchamelsauce 98
   Bordelaiser Rotweinsauce 98
   Choron-Sauce 97
   Ei-Kapern-Sauce 121
   Glace 48
   Holländische Sauce 97
   Krebsbisque 99
   Orangensauce 191
   Pfeffersauce 153
   Pilzrahmsauce 124
   Roquefortsauce 105
   Rote Buttersauce 96
   Sauerampfersauce 83
   Senfsauce 160
   Vanillesauce 201
   Weiße Buttersauce 96
Sauerampfersauce 83
Sauerkrautplatte mit Meeresfrüchten 72
Saumon à l'oseille 83
Schinken
   Chicoréegratin mit gekochtem Schinken 132
   Schinken-Käse-Toast 44
Schmorgerichte
   Geschmorte Lammkeule 140
   Geschmortes Kaninchen mit Speck und Pilzen 159
   Hähnchenschmortopf auf baskische Art 149
   In Rotwein geschmorte Kalbshachsen 123

Ochsenbäckchen auf Burgunder
  Art 102
Schmorkaninchen in Senfsauce 160
Schnee-Eier in Vanillesauce 182
Schokolade
  Dunkle Schokoladenmousse 175
  Schokoladen-Soufflé-Tarte 181
  Schokoladenmürbeteig 201
Schweinefleisch
  Gepökeltete Schweinshachse mit
    grünen Linsen 135
  Rillette vom Schwein 28
  Schweinekoteletts in Senfsahne 130
  Schweinekotelett mit Senf und Corni-
    chons 125
  Schweinerollbraten mit Backpflaumen
    nach Art von Mutter Badet 126
Seezunge mit Zitronenbutter 88
Sellerie
  Sellerie-Apfel-Salat 29
  Selleriecremesuppe 56
Senf
  Schmorkaninchen in Senfsauce 160
  Schweinekoteletts in Senfsahne 130
  Schweinekoteletts mit Senf und Corni-
    chons 125
Sole meunière 88
Sorbet
  Joghurtsorbet 198
Soupe à l'oignon 59
Soupe aux lentilles et au bacon 60
Soupe de fruits rouges et son sorbet au
  yaourt 198
Soupe vichyssoise 50
Spargelcremesuppe 54
Speck
  Friséesalat mit Hühnerleber und
    Speck 23
  Geschmortes Kaninchen mit Speck und
    Pilzen 159
  Linsensuppe mit Speck 60
Spinateier im Töpfchen 31
Steak au poivre 106
Steak au roquefort 105
Steak haché à cheval 111

Steaks 104
  Pfeffersteak 106
  Steak mit Roquefortsauce 105
  Steak mit Schalotten 107
Suppen
  Brunnenkressesuppe 63
  Champignoncremesuppe 53
  Die Blumenkohlsuppe meiner Mut-
    ter 56
  Erbsensuppe 56
  Fischsuppe aus Marseille 77
  Französische Zwiebelsuppe 59
  Kühle Beerensuppe mit Joghurtsor-
    bet 198
  Lauch-Kartoffel-Suppe 50
  Linsensuppe mit Speck 60
  Selleriecremesuppe 57
  Spargelcremesuppe 54
Süßer Mürbeteig 200

T

Tarte au citron meringuée 171
Tarte aux poires Bourdaloue 196
Tarte soufflée au chocolat 181
Tarte Tatin de maman 164
Tartelettes aux framboises 176
Teige
  Brandteig 143
  Schokoladenmürbeteig 201
  Mürbeteig 200
  Süßer Mürbeteig 200
Terrinen
  Kaninchenterrine 39
  Rillette vom Schwein 28
Terrine de lapin 39
Tomaten
  Choron-Sauce 97
  Gefüllte Tomaten 129
  Provenzalische Tomaten 142
Tomates à la provençale 142
Tomates farcies 129
Trüffelvinaigrette 40
Truites aux amandes 80

V

Vanille
  Gebrannte Vanillecreme 168
  Vanillesahne 201
  Vanillesauce 201
Velouté d'asperges 54
Vinaigrette 26
  Himbeervinaigrette 26
  Trüffelvinaigrette 40
  Walnuss- oder Haselnussvinaigrette 26
  Zitronenvinaigrette 26
Vinaigrette à la framboise 26
Vinaigrette au citron 26
Vinaigrette de noix ou noisette 26

W

Wachteln mit Rosinen 156
Walnüsse
  Chicoréesalat mit Walnüssen und
    Roquefort 19
  Walnuss- oder Haselnussvinaigrette 26
Weiße Buttersauce 96
Wiener Schnitzel 121
Wittling mit Estragongemüse in der
  Folie 91

Z

Zitrone
  Zitronenbutter 88
  Zitronencreme 171
  Zitronentarte mit Baiser 171
  Zitronenvinaigrette 26
Zucchiniflan 143
Zwiebeln
  Französische Zwiebelsuppe 59
  Steak mit Schalotten 107
  Zwiebel-Paprika-Tarte mit Sardellen 35

DORLING KINDERSLEY
London, New York, Melbourne, München und Delhi

Text © Manu Feildel 2011
Fotos @ Chris Chen 2011
Design @ Kirby Armstrong/Penguin Group (Australia)

Food Styling Geraldine Muñoz
Satz Post Pre-press Group. Carina Heights.
Queensland (in der Franklin Gothic 9/11.5)
Repro Splitting Image Colour Studio Pty Ltd.,
Clayton, Victoria

Für die deutsche Ausgabe
Programmleitung Monika Schlitzer
Projektbetreuung Elke Homburg
Herstellungsleitung Dorothee Whittaker
Herstellung Mareike Hutsky

Bibliografische Information Der Deutschen Bibliothek
Die Deutsche Bibliothek verzeichnet diese Publikation
in der Deutschen Nationalbibliografie;
detaillierte bibliografische Daten sind im Internet
über http://dnb.ddb.de abrufbar.

Titel der englischen Originalausgabe:
MANU'S FRENCH KITCHEN

Der Originaltitel erschien 2011 bei Penguin Group (Australia),
eine Abteilung von Pearson Australia Group Pty Ltd.

The rights of the author have been asserted.

Alle Rechte vorbehalten. Jegliche – auch auszugsweise –
Verwertung, Wiedergabe, Vervielfältigung oder Speicherung,
ob elektronisch, mechanisch, durch Fotokopie oder
Aufzeichnung, bedarf der vorherigen schriftlichen Genehmigung
der Copyright-Inhaber.

© der deutschsprachigen Ausgabe by
Dorling Kindersley Verlag GmbH, München, 2011
Alle deutschsprachigen Rechte vorbehalten

Übersetzung Susanne Kammerer
Redaktion Carmen Söntgerath
Umschlaggestaltung Caroline Daphne Georgiadis,
daphnedesign

ISBN 978-3-8310-1978-6

Druck und Bindung Firmengruppe Appl,
aprinta Druck, Wemding

Besuchen Sie uns im Internet
www.dorlingkindersley.de